「私のなかにみんながいる」？

ＡＩ・ロボットと教育哲学

神林照道
白井克彦
淺間　一

はじめに

この本は、僕《ぼく》の30年来の友人であって、たいへん尊敬《そんけい》する教育者・神林照道《かんばやしてるみち》先生の「私《わたし》のなかにみんながいる」という言葉をめぐって始まります。

2024年の2月のある日、東京大学のある先生が、神林照道先生のご自宅《じたく》を訪問《ほうもん》。神林先生は、渡《わた》された名刺《めいし》を見てびっくりされました。なぜなら、その名刺の肩書《かたがき》に「東京大学工学系《けい》研究科精密《せいみつ》工学専攻教授《せんこうきょうじゅ》　工学博士《はくし》」と書かれていたからです。52年間の教師《きょうし》生活のなかで、東大の現役《げんえき》教授と一対一で話をするのは初めてだったと僕にお話しくださいました。

その東大の先生のお名前は、淺間《あさま》一《はじめ》さん。神林先生の、「私のなかにみんながいる」という言葉を突然《とつぜん》思い出して、ご自分の授業《じゅぎょう》でお使いになりたいとのことだったそうです。しかもその授業とは、淺間先生が東大の安田講堂《やすだこうどう》で行う、ご自身の退職記念《たいしょくきねん》の最終講義《こうぎ》でした。淺間先生は、ロボット研究の第一人者！（詳《くわ》しい経緯《けいい》は第一章をお読みください）。

神林先生からその話を聞いた僕は、すぐに淺間先生に連絡《れんらく》を取って、お目にかかりました。淺間先生がずいぶん前にお聞きになった、神林先生の言葉をなぜ、今、思い出されたのか？　どのようにお使いになろうとされたのか？　などなどの話をお伺《うかが》いしてきました。

僕は、どうしてそうしたのでしょう。その話は、少々お待ちいただくとして、このときの僕は、教育者・神林照道先生を尊敬《そんけい》する人が、もうひとり現《あらわ》れたとうれしく思っていました。

「私のなかにみんながいる」という言葉をご自身の講義にお使いになる理由がわかった僕は、淺間先生のご研究に、関心をもたざるを得《え》ませんでした。僕の編集者《へんしゅうしゃ》の血が騒《さわ》ぎ出しました。

神林先生の教育論《ろん》と淺間先生のロボット工学という不思議な組み合わせで、本をつくれないものだろうか。

それからの僕は、考え、調べ、可能性《かのうせい》を検討《けんとう》し、方法を検証《けんしょう》。結果、次のような流れを思いつきました。

それは、早稲田大学《わせだだいがく》元総長《そうちょう》（２００２〜２０１０年）の白井克彦《しらいかつひこ》先生にも、神林先生の言葉への感想をお聞きし、もしもそれが淺間先生と同じように高いものだったら、ぜひ本にしていこう！　というものです。

　もとより白井先生は、神林先生が最後に校長を務《つと》めた私立《しりつ》・国立《くにたち》学園小学校（↓Ｐ１９０）の現在《げんざい》の理事であり、神林先生も同様に理事だったということで、おふたりはご交流がありました。一方、白井先生は、淺間先生と同じ分野の工学博士《はくし》で、日本で初めての人型《ひとがた》ロボット（↓Ｐ99）の開発に携《たずさ》わった方です。お三方に、このようなご関係があることがわかった僕《ぼく》は、お三方が話し合う「鼎談《ていだん》」*を行い、そのうえで、また新たな鼎談集を出版《しゅっぱん》することにしました。

　実は、今「また」と記したのは、僕が企画《きかく》する鼎談集は、これが初めてではなかったからです。ひとつ目は、山極壽一《やまぎわじゅいち》・京都大学前総長が、また、ふたつ目は久保千春《くぼちはる》・九州大学前総長が関わってくださったものをすでに進行させていました。

　３つ目のこの本に早稲田大学元総長が登場くださることを名誉《めいよ》に感じながら実現《じつげん》したのが、２０２４年6月29日に国立市でお客さまを集めて行った鼎談会でした。

＊鼎談《ていだん》：１対１の２名で行うのが対談、３名で行う話し合いが鼎談、４人以上は座談《ざだん》という。

その日は、まず神林先生に「私《わたし》のなかにみんながいる」について、あらためてお話しいただきました。次に、その言葉についてのお考えを、淺間先生にお聞きしました。また、その際《さい》、その言葉を初めてお聞きになった白井先生が、どのようにお感じになったのかなどを伺《うかが》いました。そのときの話は、第二章として記してあります。

ところで、話が前後しますが、鼎談会の準備《じゅんび》をしているとき、お三方とそれぞれにお話しさせていただくなか、どんどん盛《も》り上がり、鼎談だけでなく、一度3人で子どもたちに直接授業《ちょくせつじゅぎょう》をして

鼎談会《ていだんかい》の様子。右から淺間《あさま》先生、神林《かんばやし》先生、白井《しらい》先生、司会を務《つと》めた稲葉《いなば》。

みようという案が出てきたのです。

神林先生が１９３６年、白井先生は１９３９年生まれです。いちばんお若《わか》い淺間先生も１９５９年生まれです。このお三方が、小学生に直接《ちょくせつ》授業《じゅぎょう》をされると、どのようになるのでしょうか。

なんと、そうした不思議な授業が、鼎談会《ていだんかい》の同日、直前に実現《じつげん》していたのです。それぞれのご専門《せんもん》の話でした。神林先生は、「漢字の話」！　僕《ぼく》が理事長の任《にん》にある、ＮＰＯ《エヌピーオー》法人子ども大学くにたち（→Ｐ１９０）の授業としてでした。その様子は、この本の第四章に収録《しゅうろく》します。

尚《なお》、本書の最後には、読者の方々（子どもたち、大人の方両方）に向けて神林先生からのメッセージを掲載《けいさい》

神林《かんばやし》先生、白井《しらい》先生、淺《あさ》間《ま》先生の３人が登壇《とうだん》する「子ども大学くにたち」の授業《じゅぎょう》を告知《こくち》するチラシ。

したいと思います。

今述《の》べたように、本書は、とてもユニークな構成《こうせい》になっています。企画《きかく》が生まれた背景《はいけい》も、とても不思議なものでした。それだけに、みなさまのご興味《きょうみ》・関心がどの部分にフィットするかがわかりません。

でも、興味・関心をもたれたこと以外の部分をお読みいただいても、きっとおもしろく、参考になるものだと信じています。

どうぞ、隅々《すみずみ》、最後までお楽しみいただきたいと願っています。

企画《きかく》・編集担当《へんしゅうたんとう》

ＮＰＯ法人子ども大学くにたち
理事長・子どもジャーナリスト　稲葉茂勝《いなばしげかつ》

もくじ

第一章

「私《わたし》のなかにみんながいる」の真意を探《さぐ》る

「はじめに」に記した通り、浅間一《あさまはじめ》先生が、神林照道《かんばやしてるみち》先生のご自宅《じたく》を訪問《ほうもん》。「私《わたし》のなかにみんながいる」という神林先生の言葉についてお尋《たず》ねになりました。第一章では、そのとき神林先生がどのように語ったかを、ご自身の記憶《きおく》で振《ふ》り返っていただきます。

■東大教授《きょうじゅ》が我《わ》が家に来てくださった

浅間《あさま》先生は、我が家をお訪《たず》ねになるや、こうおっしゃいました。

「私《わたし》の息子《むすこ》が5年生のとき、神林《かんばやし》先生が学年保護者会《ほごしゃかい》で『私のなかにみんながいる』というフレーズを紹介《しょうかい》なさり、『子どもの教育においてそういう考え方が重要だ』とお話しになられました。私はそのときは、そのフレーズをメモしただけでしたが、最近、そのメモを見つけまして、先生の教育の奥深《おくぶか》さにあらためて感銘《かんめい》いたしました。ぜひ『私のなかにみんながいる』についての詳《くわ》しいお考えを拝聴《はいちょう》させていただけないでしょうか」

この状況《じょうきょう》になる前には、次のようなことがあったのです。

2024年2月8日午前11時過《す》ぎ、国立《くにたち》学園小学校（→P190）の佐藤純一《さとうじゅんいち》校長から自《じ》宅《たく》に電話がありました。

「卒業生のお父様からお電話がありました。82期卒業生の保護者です」

「82期ですか、だいぶ前ですね」

「はい。ご依頼《いらい》の内容《ないよう》は、神林先生にぜひお聞きしたいことがあるので、先生の連絡《れんらく》先《さき》を教えて欲《ほ》しいとのことです。連絡先をお知らせしてもよろしいでしょうか?」

「どうぞ、どうぞ教えてさしあげてください。そのお父様は何をお尋《たず》ねになりたいのかなぁ?」

「子どもさんが5年生のときの保護者会で、先生がお話しされたことだそうですよ」

そのおよそ1時間後でした。そのお父様からさっそく電話が入りました。たしか次のようにおっしゃったように覚えています。

「はじめまして。浅間と申します。息子が5年生のときの学年保護者会でお話をされたことについて拝聴したいのです。その会には私が参加させていただきました。その会で神林校長は、『私のなかにみんながいる』というフレーズを紹介なさいました。私はそのとき、先生の教育の奥深さに感銘を受けるとともに、それ以来ずっと、その意味についてもっと深く知りたいと思っておりました。ぜひ『私のなかにみんながいる』について、詳しくお考えを拝聴させていただけないでしょうか」

僕《ぼく》はもうすぐ米寿《べいじゅ》です。正直言って20年近く前の学年保護者会で何を語ったのかはあまり覚えていません。でも、淺間さんには「どうぞ、どうぞおいでください」と申し上げました。

すると「早速で申し訳《わけ》ございませんが、11日の日曜日にご自宅《じたく》へ伺《うかが》わせていただきたいのですが……」と。ずいぶんお急ぎのようだけれど、どういうことだろうと思いながら「承知《しょうち》しました。お待ちしております」と、返答。家への道順を説明しました。

2月11日の午前10時30分に、淺間さんが我《わ》が家においでになりました。そして自己《じこ》紹介《しょうかい》をされて、名刺《めいし》を差し出しながら「『私《わたし》のなかにみんながいる』についてのことをご教示《きょうじ》ください」と、おっしゃいました。

僕《ぼく》は、ずいぶん目的のはっきりした方であるのに戸惑《とまど》いながら、いただいた名刺を拝見《はいけん》し、びっくり。なぜなら、名刺の肩書には「東京大学工学系《けい》研究科精密《せいみつ》工学専攻《せんこう》教授《きょうじゅ》　工学博士《はくし》」と書かれていたからです。僕は、52年間の教師《きょうし》生活のなか、東大の現役《げんえき》教授とさしで話をするのは、初めてでした。年取って自然と曲がり気味の背中《せなか》が伸《の》びてしまいました。

淺間さんは、東大でロボットの研究に長年取り組んでいらっしゃるとのこと。また、

3月に定年をお迎《むか》えになられる。その際《さい》に最終講義《こうぎ》をしなくてはならない。僕の言った『私のなかにみんながいる』のもつ意味や価値《かち》をまとめて、講義でお使いになりたいことが、僕にも、すぐに理解《りかい》できました。僕は、東大教授だけあって、とても合理的な説明であると、感心して聞いていました。

浅間さんは、電子ノートを取り出してメモの用意。僕が「私は何から話をしたらよいのでしょうか」と問うと、「このフレーズを教育実践《じっせん》の核《かく》にされたのは、いつから、どんなことが契機《けいき》だったのですか」とおっしゃいました。

「教育実践の核」なんてほどではないのに、

神林《かんばやし》先生が「普通《ふつう》のノートのように見えてびっくりした」という、浅間《あさま》先生の電子ノート。

いいのかな？　と、僕《ぼく》は思いながらも、気持ちよく、次のようにお話しさせていただきました。浅間さんとの語り合いの概要《がいよう》です。

■フレーズが核《かく》になったきっかけ

神林：僕は１９６０年３月に新潟《にいがた》大学教育学部を卒業し、新任校《しんにんこう》は、県内の刈羽郡《かりわぐん》高《たか》柳《やなぎ》町立門出《かどいで》小学校でした。３年間勤務《きんむ》し、１９６３年４月に柏崎《かしわざき》市立鯖石《さばいし》小学校に転《てん》勤《きん》しました。その頃《ころ》、僕の心を捉《とら》えていた言葉は、「俺《おれ》についてこい」でした。１９６４年の東京オリンピックで、強豪《きょうごう》のソ連を破《やぶ》り、みごと金メダルに輝《かがや》いた女子バレーボールチームの監督大松博文《かんとくだいまつひろふみ》さんの言葉です。僕は、大松監督に強く惹《ひ》かれて「俺についてこい」を、子どもと関わり合うときの基本的《きほんてき》な考え方にしようと決めました。子どもたちを「自分の枠《わく》」に入れ込《こ》み育てることに誠心誠意《せいしんせいい》努力しました。

それから約10年が過《す》ぎ、１９７４年４月から、新潟大学教育学部附属長岡《ふぞくながおか》小学校教官として勤務することになりました。１年生の担任《たんにん》でした。

１年生が初めて全校朝会に参加したのは、４月下旬《げじゅん》。そのときのことです。教官全員が、子どもの列の後ろに立っていました。

校長の話が始まりました。僕の前の列に並《なら》んでいる子どものなかには、あちこち向いていたり隣《となり》の友達とひそひそ話をしていたりと、校長の話を聞いていない子どもが何人かいました。

僕はその子どものところへ行って、首をまっすぐにさせたり肩《かた》をたたいたりしました。どの子にも、校長の話に注目させたかったのです。すると、僕の様子を見ていた子どもたちが、全員校長に注目。私はほっとしました。

教室に戻《もど》ってから話を聞いていなかった子どもに、次の朝会のときには、話している人のお話をしっかり聞くようにと約束をさせました。

その後、20分休みの職員室《しょくいんしつ》でのことでした。教頭先生が僕の席に来て、「神林先生、放課後、話をしたいことがありますので、子どもがみんな帰ったら私《わたし》のところへ来てください」と。「了解《りょうかい》しました」と返事をして授業《じゅぎょう》に戻りました。

放課後、子どもを帰してから、教頭先生のところへ行き、応接室《おうせつしつ》へ。そこで、教育実践《じっせん》の基本的《きほんてき》な考え方を話し合いました。

「今日の朝会のときにあなたは、子どもの列に入り込《こ》み、何人かの子どもを注意していたでしょう。それは、何のためだったのですか?」

「校長の話をしっかり聞いていない子に聞くように注意していたのです。話を聞くということは、生活するときの基本《きほん》だからです」

「でも、それは、子どもの外見だけで判断《はんだん》してのことでしょう」

「僕《ぼく》は、今まで勤務《きんむ》していた学校でも、生活習慣《しゅうかん》をしっかりと身につけることを大切に指導《しどう》してきました」

教頭先生がごく当たり前のことを尋《たず》ねるので、「先生、基本的生活習慣を1年生のときにきちんと身につけさせるのは、ごくごく当たり前と考えています。何か問題があるのですか」と、僕が言うと、教頭先生はすかさず、

「要するにあなたは、自分のもっている『ものさし』に子どもを当てこむことに価値《かち》があると考えているのですよね」

「その通りです!」とやや大きな声で言いました。

「それでは、お聞きします。あなたが列のなかに入って注意した子は、なぜ、聞いて

いなかったのでしょう」

「それは、本人に聞かなければわかりません。ともかく、聞くことの大切さを徹底《てってい》したかったのです」

ところが、教頭先生は「そのお考えは、本校の教官としてはふさわしくありません」と、言い切ったのです。

教頭先生は、きっと僕の態度《たいど》が反抗的《はんこうてき》だと感じて、厳《きび》しく言ったのだと思いました。

ところが、教頭先生は、穏《おだ》やかにこう続けてお話しになりました。

「私《わたし》たち教師《きょうし》は、一人ひとりの子どもを丁寧《ていねい》に見守ることを基本《きほん》としています。あなたのやり方は、教師でなくてもできます。まして、プロの教師ではありませんよ。そんな考えで子どもと関わっている教官は、本校にはひとりもいません。あなたは、列のなかに入って行ったとき、ほかのクラスの様子を見ましたか？　おそらく、ほかのクラスのなかにも、話を聞いていない子どもがいたはずですが、列のなかに入り込んで注意していた教官はいませんでしたよ」

「自分のクラスのことで精一杯《せいいっぱい》でそんな余裕《よゆう》はありませんでした。この学校では、子どもを注意するのがよくないことなのですか？」

「その通りです。なぜなら本校はプロの教師《きょうし》の集まりだからです。話を聞いていなかった子どもが6人いたとしましょう。その一人ひとりが話を聞いていなかった理由は、同じではありません。太郎《たろう》さんは、朝家を出るときに、めずらしく両親が言い合っていたのかもしれません。それが、朝会のときでも頭からはなれなかったのでしょう。次郎《じろう》さんは、朝会に集まる前の教室で友だちと口げんかをしたのかもしれません。花子さんは、3校時の算数の用意を家に忘《わす》れてきたことを思い出したのかもしれませんよ。三郎《さぶろう》さんは、校長の話が難《むずか》しくてよくわからないので、となりの洋子さんと小さな声で話をしていたのかもしれません。それぞれの理由もわからないで、あなたは、どの子どもにも同じことを求めていませんか？　とても、子どもの側に立つ教師とは言えませんね。もう一度ゆっくり考えてみてください」

僕は、教頭先生の静かな語りの一言ひと言が、だんだん胸《むね》に刺《さ》さってきました。これまでの11年間の実践《じっせん》は、もしかすると、子ども一人ひとりのためではなく、自分のためにやっていたのかもしれないと、自分の肩《かた》が落ちていくのを感じていました。

僕《ぼく》は、さっきまでと打って変わって、小さな声でうつむきながら「わかりました」と言いました。

それは、「俺《おれ》についてこい」は、教育実践の場では、ふさわしくないことがわかった出来事でした。そう思った僕は、教頭先生に対し潔《いさぎよ》く言いました。

「新しい自分を誕生《たんじょう》させます。よろしくお願い致《いた》します」と。

すると教頭先生は「上田薫《うえだかおる》＊さんの『知られざる教育』『人間形成の論理《ろんり》』『ずれによる創造《そうぞう》』を読んでおくようにと先生方全員にお願いしましたよね。あなたは、まだ読破《どくは》していないようですね。今からでも遅《おそ》くありません。ぜひ読んでください。本校の教育実践に最低限《さいていげん》必要なことですから、どうぞよろしくお願いします。私《わたし》の話をわかっていただき、本当にうれしいです。ありがとうございました」などと、至《いた》らない僕に、深々と頭を下げてくださったのです。

僕は、恥《は》ずかしさに満ち満ちました。そして「失礼します」と言い、応接室《おうせつしつ》を小走りで後にしました。

但《ただ》し今だから言いますが、国立《こくりつ》大学附属《ふぞく》校が「プロ教師《きょうし》の集まり」だという教頭先

＊上田薫《うえだかおる》：1920-2019年。教育学者。京都帝国《ていこく》大学仮《かり》卒業、学徒出陣《しゅつじん》。戦後1946年に文部省（現《げん》文部科学省）入省、学習指導要領《しどうようりょう》（小学校社会科）や教科書づくりに取り組んだ。著書《ちょしょ》多数。

生の言い方は、おかしい。公立校も私立校《しりつこう》も、学校の先生はみんなプロの教師《きょうし》です。
そもそも、国立《こくりつ》だけ「教官」と呼《よ》ぶのも、変な気がしました。
僕《ぼく》は、その教頭先生には感謝《かんしゃ》をしながらも、その先生を含《ふく》め、教育界全体の因襲《いんしゅう》のようなものには、抵抗《ていこう》をもちながら、附属校《ふぞくこう》で「先生」をやっていました。

■フレーズの大転換《だいてんかん》と実践《じっせん》の核《かく》の設定《せってい》

僕が「私《わたし》のなかにみんながいる」と考えるようになったきっかけについて説明すると、浅間さんは「よくわかりました」とおっしゃり、次のように続けられました。

浅間：私は、ロボットの研究に没頭《ぼっとう》してきました。その間、いちばん大切にしてきたことは、「ロボットは人間がつくるもの。だから、人間の役に立つロボットをつくる」ということです。私は、ロボットの頭、すなわちコンピュータのなかのプログラムにも、そのような思考回路が必要なのではないかと考えました。

神林先生は、どのようなお考えから、「私のなかにみんながいる」ということをご自身の信条《しんじょう》や教育の核になさったのでしょうか。

「鬼《おに》の大松《だいまつ》」と呼《よ》ばれるほど厳《きび》しい練習で知られた、バレーボール女子チームの大松博文監督《ひろふみかんとく》。
香川県宇多津町教育委員会提供

淺間《あさま》先生（右）が神林《かんばやし》先生を訪《たず》ねた折《おり》、スマホで撮影《さつえい》された１枚《まい》。

〈僕《ぼく》が生身の子どもを「教育」してきたことと、ロボットを「創《つく》る」ことを実践《じっせん》されてきたことが同じだと、淺間さんはおっしゃりたいのかなぁ？〉

僕は、少し不思議に思いながらも、自分の教育の信条を「俺《おれ》についてこい」から「私《わたし》の前に子どもがいる」へ大転換《だいてんかん》した経緯《けいい》をお話ししました。そして、淺間さんがおっしゃる言葉を使わせていただければ、「教育実践の核《かく》」として「私のなかにみんながいる」にしたことについてもお話しさせていただきました。次がその話の流れです。

神林：僕が子どもとの関わり合いで目標にしている子ども像《ぞう》は、「輝《かがや》く子ども」なんです。そのためには、子ども一人ひとりに「生きぬく力」をつけることを目標としてきました。

淺間：「生きぬく力」とは？　具体的に説明するとどうなりますか？

神林：「生きる」でなく「生きぬく」とは、

ア、自ら考え、自ら学び、自ら行動する。そして、自らを自ら振《ふ》り返ることのできる子ども。

イ、「優《やさ》しさ」「たくましさ」「かしこさ」は、大切なことの順番。

だから、「かしこさ」を、最初に位置づける実践は誤《あやま》りだと考えている。

ウ、学校は失敗するところだと考え、日々の学校生活に挑戦《ちょうせん》する「失敗を恐《おそ》れない」子ども。

浅間：それらのことは、私たちの研究でも言えることなんです。

ロボットも、失敗から学び、学習し、状況《じょうきょう》に応《おう》じてきちんと動けるようにすることがとても重要です。ほかに大切にしていらっしゃることはありますか。

神林：子育てで大切なことは5つの「捉《とら》える」だと思っています。これをおろそかにすると「輝く子ども」は育成できません。僕は「輝く子ども」を育てるには、次の5つの「捉える」が大切だと考えています。保護者会《ほごしゃかい》や講演会《こうえんかい》で、僕が力説してきたのは、次のことです。

・ひとつ目は、子どもを「丸ごと」捉える。

・ふたつ目は、その子に即《そく》した「ものさし」で捉える。

・3つ目は、その子の「逆現象《ぎゃくげんしょう》」を捉える。

・4つ目は、その子を「多面的・継続的《けいぞくてき》」に捉える。

・そして最後に、その子の「変容《へんよう》」を捉《とら》える。

ところが、このなかで「ものさし」について往々《おうおう》にしてあることは、考え違《ちが》いをしてしまうということです。

これら5つの「捉える」ができているかどうかを判断《はんだん》するための「ものさし」は、「その子のなかに存在《そんざい》している」ということなのですが、それがなかなか理解《りかい》されていないのです。

ほかの子の「ものさし」を使って我《わ》が子をはかろうとします。我が子を評価《ひょうか》します。とても長い「ものさし」を使って、我が子の実像《じつぞう》をはかろうとします。我が子の成長を我が子に合わせた「ものさし」ではかろうとしません。それでは、「輝《かがや》く子ども」ではなく「輝かない子ども」を育ててしまいます。

浅間：よくわかりました。ありがとうございます。もうひとついいですか？「逆現象《ぎゃくげんしょう》」というのも、具体的に説明いただけませんでしょうか。

神林：はい。わかりました。

「逆現象」というのは、我が子の行動と逆のことです。たとえば、いたずらをする子の逆現象は、いたずらをしないでまじめにしっかりと行動すること。これが「逆現象」です。

いたずらをする子どもが我が子なら、いたずらをしないでまじめに行動をする我が子を見つけようと努力します。いたずらそのものは、気にかけないでいい。我が子もいたずらをしないことが必ずあるのだからと、日々の行動を見守ることが必要。いたずらも子どもの成長に繋《つな》がります。

逆現象をする我が子を見つける努力をすることに価値《かち》があるのです。そして、見つけたらどんなときだったか、その状況《じょうきょう》はどんなだったかをメモしておきます。つまり、我が子のカルテをつくるのです。

浅間：私《わたし》たちは、ともすると個々《ここ》の学生に寄り添《そ》い、その学生のもつ個性《こせい》を活かすような教育の基本《きほん》を忘《わす》れがちになります。だから、私も反省の連続でした。

神林：だれでも自分の思うこと・考えていることを、よしとしがちです。誤《あやま》りに気づかないことが多いですね。だからと言って足を止めては道は開かれません。反省、そして挑戦《ちょうせん》の繰《く》り返しに価値があります。

■教師集団《きょうししゅうだん》が共通認識《にんしき》すること

浅間：小学校の先生方は、どの先生も表情《ひょうじょう》が豊《ゆた》かですね。自分の仕事に自信と誇《ほこ》りをもって子どもたちと関わり合っているように感じます。神林先生が校長だったとき、先生方が共通認識すべきことをどうやって徹底《てってい》させていらっしゃいましたか。

先生のお話にあがった教頭先生は、ご自分が感動されたご本（↓P23）を先生方全員に「読破《どくは》」するようにお勧《すす》めになったのだろうと、先ほど聞いて思いましたが。神林先生はいかがなさっていましたか。

神林：僕《ぼく》がいちばん大事にし、先生方みなさんに訴《うった》えてきたのは、「ピラミッド型《がた》」ではなく、「サークル型」だということです。僕はそれを、ことある度にお話しさせていただき、みなさんの共通認識とさせてもらいました。

校長を頂点《ちょうてん》に置く「ピラミッド型」では、教師《きょうし》一人ひとりが自ら行動することにはなりません。僕は一人ひとりの教員が「私のなかにみんながいる」という考えをもって実践《じっせん》することに価値《かち》があると考えています。

そうすることで、一人ひとりに輝《かがや》きが誕生《たんじょう》します。教員間には順列は存在《そんざい》しません。どの教員も本校にとってなくてはならない存在だということを、先生方の共通認識にするように、しょっちゅうお話ししていました。

時計の仕組みのように、一つひとつの歯車がちゃんとかみ合ってこそ、時計の働きになります。教員一人ひとりが歯車の存在《そんざい》と同じです。たったひとつの歯車の働きが悪くなると全体が動かなくなります。教師集団は「運命共同体」なのです。日々の子どもとの関わり合いを共に考え、共に話し合い、共に実践《じっせん》をすることです。そのときの信条《しんじょう》が、「私《わたし》の前には子どもがいる」であり、実践の核《かく》になるのが「私のなかにみんながいる」だと、僕《ぼく》は考えます。

浅間：そうおっしゃる神林校長の学校にいた我《わ》が子を見ていて思ったのは、とても学校生活を楽しんでいたことです。

中学入試のプレッシャーがあるにもかかわらず、伸《の》び伸び生活していました。今でも、小学校の同級生と仲良くしています。その秘密《ひみつ》がよくわかりました。

神林：もうひとつ共通認識にしているのは、「子育ては、子どもに教えられ、子どもに学ぶことである」で、また、教育は「子どもに教えられ、子どもに育ててもらう」ということだと、僕《ぼく》は確信《かくしん》して教師《きょうし》を続けてきました。

■輝《かがや》く子どもの具体例

浅間：神林先生のお考えがよくわかりました。申し訳《わけ》ありませんが、もう一度「輝く子ども」について、具体的な例をあげていただけませんでしょうか。

神林：輝く子どもは、たくさんいます。日々、輝く子どもを見つけていました。そのなかで、僕がおすすめの輝く子どもを3人ご紹介《しょうかい》しましょう。僕の記憶《きおく》にとくに残っている子どもについてお話しします。

①成蹊《せいけい》小学校で1年生を担任《たんにん》していたときの子どもの日記

12月4日（火）くもり

「おかあさんのきず」

ぼくが学校からかえってきたら、おかあさんが、

「ひろし、みて。トムをさんぽさせていたら、ひっぱられて、ひっくりかえったの」

といいました。
そして、きずをしたところは、うでとあしとおでこです。
ぼくは、いたそうだなぁーっとおもいました。
それから、あたまの一ばんたいせつなところもぶつかりました。
ぼくは、おかあさんが、しんぱいになったので、「1＋1は？」といったら、
おかあさんは、げんきなこえで、「2！」
とこたえたから、おでことあたまは、だいじょうぶだなー。
とおもいました。

「輝《かがや》く子ども」について、「子ども大学くにたち」関連の保護者《ほごしゃ》向けイベントで講演《こうえん》する神林《かんばやし》先生。

なんと素晴《すば》らしいお母さんでしょう。ひろしくんの心をきちんと捉《とら》えています。ひろしくんのお母さんへの問いには、ひろしくんの精一杯《せいいっぱい》の知恵《ちえ》が込《こ》められています。

②国立《くにたち》学園小学校4年生の子どもの日記

六月三日（金）晴

「学校の帰り道」

今日、学校の帰り道、知らないおばさんに声をかけられました。

「△△銀行は、どこなのか教えてくれませんか」

ぼくは、「ちょっと、わからないのですけれど」と答えました。

おばさんは、「そうですか、ありがとうね。」とおっしゃって、まわりを見ていました。

ぼくは、（ごめんなさい）と心で言って、駅へ向かいました。

でも、心残りがあったので、銀行を探《さが》してみました。

すると、銀行が駅のそばにありました。
急いで、おばさんのところへ戻《もど》り、教えてあげました。
そして、元気いっぱいの声で「おばさん、さようなら！」と言いました。
おばさんも、「ありがとう！　あんたは、えらくなるよ！」と、大声で言いました。
はずかしかったです。こんなにほめられたのは、はじめてです。
電車に乗ってからも、心臓《しんぞう》がドキドキしていました。

おばさんは子どもの心がよくわかっています。だから、銀行を教えてくれた子どもにさわやかな言葉をかけたのです。
このおばさんは、話し方や表現《ひょうげん》の方法、技術《ぎじゅつ》をわざわざ勉強したとは思えません。人との関わり合いは、どうあればよいのかを長年の体験で身につけたに違《ちが》いありません。この話は、全校朝礼や保護者《ほごしゃ》会、先生方との会議など、ことあるごとにお話させていただいてきました。

③さとえ学園小学校の1年生との会話

休み時間に高学年校舎《こうしゃ》に向かうときのことです。

水族館から小走りで出てきた1年生の男の子に声をかけられました。息をはずませていました。

「先生、ぼくは今、大発見をしましたよ。教えてあげましょうか」

「ぜひ、教えてちょうだい」

「水族館の右側から3番目のクラゲの水槽《すいそう》があるでしょう。きれいなクラゲが泳いでいたんだよ」

「そうか」

「先生、あのね、そのクラゲがみんなさか

国立《くにたち》学園小学校の全校朝礼で話をする校長時代の神林《かんばやし》先生。大好きな甲子園《こうしえん》や野球が題材になることも多かった。

さになって泳いでいたのだよ」
「それはめずらしいね」
「とても上手にきれいに泳いでいたんだよ。
それでね、そのクラゲを見ていたら、クラゲがゲラクに変身したんだよ。
だから、ゲラクと名前をつけてやったの」
私《わたし》は、すぐには何のことかわかりませんでした。
そこで、「きみは、なんでゲラクという名前をつけたの？」
「先生は、わからないの。クラゲがさかさになったから反対読みをしたんだよ」
やっとわかりました。
「そうか、反対読みにするとゲラクだもんね。
きみは、言葉をよく考えていたね。大発見だよね」
「ありがとう。先生も見てくるといいよ」と言って教室へ。
言語感覚が鋭《するど》いと思いました。子どもに教えられました。

■浅間《あさま》一《はじめ》さんからのお手紙

2月27日、浅間さんから心に響《ひび》くご丁寧《ていねい》な自筆で認《したた》められた手紙が届《とど》きました。ご紹《しょう》介《かい》いたします。

拝啓《はいけい》　少しずつ春めいてまいりましたが、お変わりなくお過《す》ごしでしょうか。

先日は厚《あつ》かましく先生のご自宅《じたく》に押《お》しかけ、「わたしの中にみんながいる」の意味について、いろいろな質問をさせていただいたにもかかわらず、大変丁寧《ていねい》に、また、わかりやすく教えていただき、誠《まこと》に有難《ありがと》うございました。

神林先生の教育哲学《てつがく》に大変感銘《かんめい》を受けました。大学の教員をしていると、ついつい専《せん》門《もん》知識《ちしき》を教えることばかり考え、個々《ここ》の学生に寄《よ》り添《そ》った個性《こせい》を活かすような教育という基本《きほん》を忘《わす》れがちであった自分に反省いたしました。また、社会における人間関係のあり方についても、非常《ひじょう》に示唆《しさ》の富んだお話だと感じました。

また今後さらにお聞きすることもあろうかと存《ぞん》じますが、今後とも、ご指導《しどう》、ご鞭《べん》撻《たつ》のほど、よろしくお願い申し上げます。

寒暖《かんだん》の差が激《はげ》しい時節柄《がら》、くれぐれもご自愛ください。また、奥様《おくさま》にも、くれぐれもよろしくお伝えください。

お礼が遅《おそ》くなりましたこと、心よりお詫《わ》び申し上げます。

敬具《けいぐ》

令和《れいわ》六年二月二十七日

浅間　一

神林照道先生

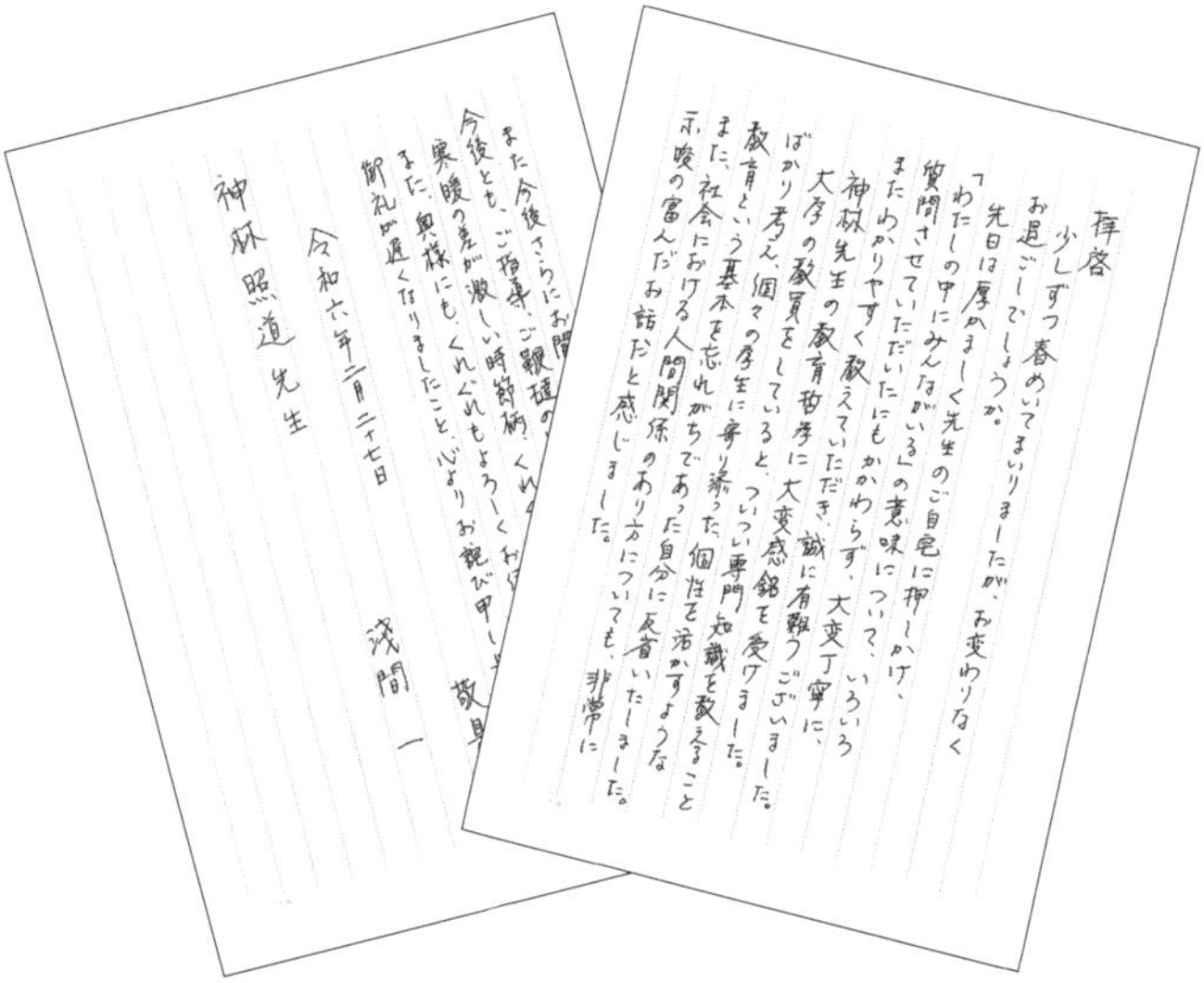

拝啓

少しずつ春めいてまいりましたが、お変わりなく
お過ごしでしょうか。
先日は厚かましく先生のご自宅に押しかけ、
「わたしの中にみんながいる」の意味について、いろいろ
質問させていただいたにもかかわらず、大変丁寧に、
またわかりやすく教えていただき、誠に有難うございました。
神林先生の教育哲学に大変感銘を受けました。
大学の教員をしていると、ついつい専門知識を教えること
ばかり考え、個々の学生に寄り添った個性を活かすような
教育という基本を忘れがちであった自分に反省いたしました。
また、社会における人間関係のあり方についても、非常に
示唆の富んだお話だと感じました。

また今後さらにお聞
今後とも、ご指導、ご鞭撻の
寒暖の差が激しい時節柄、くれ
また、奥様にも、くれぐれもよろしくお伝
御礼が遅くなりましたこと、心よりお詫び申し上
敬具

令和六年二月二十七日

浅間　一

神林照道　先生

第二章

「私《わたし》のなかにみんながいる」を受け入れられるか？

第二章は、神林照道《かんばやしてるみち》先生、白井克彦《しらいかつひこ》先生、淺間一《あさまはじめ》先生のお三方による鼎《てい》談《だん》の様子を収録した記事です。テーマは、神林先生が長年「教育実践《じっせん》の核《かく》」としてきた「私のなかにみんながいる」という言葉。お三方だけでなく、鼎談をお聞きくださった方にもご意見を頂戴《ちょうだい》して掲載《けいさい》させていただきました。司会は、本書「はじめに」を記した稲葉茂勝《いなばしげかつ》が担当《たんとう》します。

■みんなのなかに私《わたし》がいる

司会：本日の司会を担当《たんとう》する稲葉茂勝《いなばしげかつ》です。どう話を展開《てんかい》していけばよいか、悩《なや》みながら進めていくことをあらかじめお許《ゆる》しください。

最初にひとつ。会場にいらっしゃるみなさんに、今日の鼎談《ていだん》の内容《ないよう》をよりよくおわかりいただけるように、考え方のヒントとして次のことをご提案《ていあん》させてください。

それは、「私のなかにみんながいる」と、それと反対のような「みんなのなかに私がいる」というふたつの言葉を提示《ていじ》させていただき、みなさんには、そのどちらの言葉がご自分には受け入れやすいかを考えていただきながら、お三方のお話をお聞きいただくことです。

恐《おそ》れ入りますが、二者選択《せんたく》で、挙手をお願いします。

「私のなかにみんながいる」と「みんなのなかに私がいる」のどちらが、ご自分にとって受け入れやすい言葉だと思いますか？

「みんなのなかに私がいる」だと思われる方、いらっしゃいませんか？　神林《かんばやし》先生の言葉は「私のなかにみんながいる」なのだから、「みんなのなかに私がいる」は、違《ちが》うと思われますか?

どなたか、本当は「みんなのなかに私がいる」だと思われる方は、いらっしゃいませんか。あ、おひとりいらっしゃいますね。あ、後ろの方にも後から手をあげた方がいらっしゃいますよ。でも、圧倒的《あっとうてき》に少ない。それはそうでしょう。本日のテーマは「私のなかにみんながいる」という言葉(その言葉の意味・意義《いぎ》など)だと何度も申しあげているのですから。

それでも僕《ぼく》は、今述《の》べたふたつの選択肢《せんたくし》を考えながら先生方のお話をお聞きくださるとよいと思って、ここに余計《よけい》なことを提案させていただきました。

それでは、神林先生。先生ご自身としてはいかがでしょうか? 神林先生の50数年の教員生活の基軸《きじく》になる言葉、即《すなわ》ち、教育実践《じっせん》のコアになってきた言葉について、ひとまとめにしてお話しいただけると幸いです。

神林:「私のなかにみんながいる」というのが、長年僕が考えていたことです。でも実は、その前に僕は「俺《おれ》についてこい」という考え方をしていたのです。

「東洋の魔女《まじょ》」といわれた女子バレーボールチームの監督《かんとく》、大松博文《だいまつひろふみ》さんの言葉を借りて、「俺《おれ》についてくれば大丈夫《だいじょうぶ》だ！」といった教育理念をもって、公立の小学校で11年間、教えていたのです。僕《ぼく》が教員生活を始めた頃《ころ》は、「子どもの前に私《わたし》がいる」つまり「私の後ろにみんながいる」が自分の信念でした。

ところが、新潟大学附属長岡《ふぞくながおか》小学校に移《うつ》って、担任《たんにん》になった1年生の子どもたちが、初めて全校朝会に出たときのこと。教官は、みんな後ろに並《なら》んでいました。自分の前に並んでいる2列を見ていると、1年生ですから、あっち向いたりこっち向いたり、話しをしたりつつきあったり。

附属の校長職《しょく》というのは（今は違《ちが》うんですけれど）、その頃はみんな大学の教授《きょうじゅ》がやっていました。1年生の子どもが聞いてもわからないようなことを、何だかんだとお話しになられていました。

僕は、子どもたちが話に集中できないのも仕方ないと思いながらも、校長の話に集中していない子どもたちのところに行って、横を向いている子には首をまっすぐ戻《もど》したり、肩《かた》をたたいてうながしたりしたんです。

そうして20分休みに職員室《しょくいんしつ》に戻《もど》ったときでした。当時の教頭先生が「放課後にお

「挙手を」とうながされ、「私《わたし》のなかにみんながいる」に手をあげる。

新潟大学附属長岡《ふぞくながおか》小学校時代のできごとを詳細《しょうさい》に語る、神林《かんばやし》先生。

話ししたいことがあるから、子どもがみんな帰った後に来てください」と言ってきたのです。

何だろうな？　と思いながら、放課後行きましたところ、「あなたは今日の全校朝会のときに6人の子どもを注意なさっていた。なんで注意をなさったんですか？」と、聞くんです。

僕《ぼく》は「なんだ、教頭のくせにそんなこともわからんのか」なんて思いながら、とうとうと説明なんかしたんですよ、馬鹿《ばか》ですから（笑）。

そうしたら教頭先生は、「子どもの前に、あなたがいるんですね。あなたは、子どもよりも前にいて、子どもたちをあなたの思い通りにさせるために教員をやっているんですか。そういう教員はうちの附属《ふぞく》にはひとりもいません。だから、どうしてもその考え方を直さないのであれば、うちの学校をやめてください」っぽいことを言われてしまったのです。

教頭先生は、その6人の子どもは、それぞれに校長の話を聞かなかった理由があるというのです（↓P22）。「プロの教師《きょうし》というのは、一人ひとりの子どもがどうしてそういうことを行っているのかということを、キチッと捉《とら》えて関わらなければいけない。それができなければプロの教師とは言えない」などと、僕に説教をしてくださいました。

ですが、そのことがきっかけになって、僕は、「俺《おれ》についてこい」ということは、僕の後ろに子どもがいる。それではだめなのだ、僕の前に子どもがいなくてはならない、と思うようになったのです。

■みんなの前から後ろへ

司会：ということは、神林先生は教師

ご自身の信念について語る神林《かんばやし》先生。

になられて11年間は、「私《わたし》の後ろにみんながいる」という時代だったということですか。そして国立の附属《ふぞく》に移《うつ》ったときから「私の前にみんながいる」となったとおっしゃるのですか？　それが「私のなかにみんながいる」になる！　単純《たんじゅん》に考えると、私の前でも後ろでも、私という存在《そんざい》の「外側」に子どもたちがいる状況《じょうきょう》から「なか（内側）」になったということなのでしょうか。どう考えたらよいのでしょうか？　ごめんなさい。もう少しお聞かせいただけないでしょうか。

神林：「私のなかにみんながいる」というのは、私のなかに一人ひとりの子が、どの子もみんな存在しているということなんです。自分のなかに存在しているからこそ、子ども一人ひとりに則《そく》した形で、一人ひとりの違《ちが》いをよく見極めて関わることができるのです。それがプロなんだということが、その教頭先生に叱責《しっせき》され、僕《ぼく》はそのときはっきりわかったのです。

だから、僕はその場で、教頭先生に「わかりました。心を入れ替《か》えて頑張《がんば》ります」というようなことを言ったのだと思っています（↓P23）。

その教頭先生のように言ってくださらないと、僕にはわからなかったんですね。今でも、僕のことをたいへん頭のかたい人間だと思っている人が多いみたいです。僕としては、とても柔軟《じゅうなん》で、よ～く人の言うことがわかる人間だと思っているのですが、若《わか》い頃《ころ》はたしかに頭がかたかったかもしれません。今もでしょうか？（笑）

ということで、「私のなかにみんながいるのか」のか「みんなのなかに私がいる」のかということについては、「みんなのなかに私がいる」のでは、みんなのなかに埋《う》もれてしまって、みんなのことがわからないので、やはり「私のなかに（クラスの子ども）みんながいる」と考えるようになったわけです。

司会の稲葉《いなば》からの質問に、先生方は丁寧《ていねい》に回答してくださる。

この意味では、稲葉さん（司会者）がまとめてくださった通り、私《わたし》という存在《そんざい》の「外側」に子どもたちがいたのが、「なか（内側）」になったといってよいと思います。どの子に対しても同じように、「どうかな？　どうかな？」と考えてあげるのがプロの教師《きょうし》だと考えるようになってからは、「私のなかにみんながいる」をその後ずっと教育実践《じっせん》の核《かく》にしてきました。そして、東京に出てきたのです。今でも頭のかたい人間として、その考えを変えずにいるのです。

司会：神林先生、ありがとうございます。

それでは、今の「私のなかにみんながいる」という言葉を、保護者《ほごしゃ》会でお聞きになったという淺間《あさま》先生は、ここで今の神林先生のお話をお聞きになって、あらためてどうお感じになられましたか。淺間先生のお話をお聞きしたいと思います。

■協調ロボットにつながる考え方

淺間：私の息子《むすこ》が国立《くにたち》学園に通っていたとき、何らかの問題が国立学園で起きていて臨時《りんじ》に保護者が学校へ呼《よ》び出されました。当時校長だった神林先生がおっしゃったのは「子どもが問題を起こしたのかもしれないが、学校としては、だれがやったのかは追求しません」と。その際に神林先生は、「『私のなかにみんながいる』という考え方と『みんなのなかに私がいる』という考え方があるけれど、『私のなかにみんながいる』という考えに立ち、教育をすることが重要だ」とおっしゃいました。

そのお話は、私にとってすごく印象的《いんしょうてき》でした。子どもたちは一人ひとりみんな違《ちが》っていて、それを理解《りかい》したうえで、その子にあった教育や指導《しどう》をするという考え方については、私も教育に携《たずさ》わる者のひとりとして、とても共感できました。

でも、それだけではありませんでした。「私のなかにみんながいる」という考え方が、私が研究している「協調ロボット」にもつながると感じたのです。

「協調ロボット」の「協調」という言葉には、「邪魔《じゃま》しない協調」と、「助け合う協調」の2種類があります。とくに難《むずか》しいのが、後者の「助け合う協調」です。

人間にたとえると、自分ができること（能力《のうりょく》）が決まっているとすると、それ以上のことを要求されたとき、自分では解決《かいけつ》できないと判断《はんだん》します。そんなとき、だれかとチームを組むことで、自分の力を増大《ぞうだい》させる。これは私のなかでは、自分と他人の境界《きょうかい》が拡《ひろ》がっていくようなイメージだったのです。

本来、ロボットが自分で制御《せいぎょ》（コントロール）できるのは、アクチュエータ、人間でいうと、自分の筋肉《きんにく》だけです。でも、協調すること、すなわち、コミュニケーションをとることによって、自分が扱《あつか》えるものやできることが増《ふ》えていく。そこには、自分が拡がっていくような状態《じょうたい》があるわけです。

要するに、自分と他人の境界とは、ときと場合によって実は変化しているのではないか、ということを、私《わたし》は自分の研究を通じてずっと感じていたのです（→P80）。

神林先生のお話に戻《もど》りますが、「みんなのなかに私がいる」というのは、「私」のすぐ外側に他人との境界がありますが、「私のなかにみんながいる」というのは、「私」の境界が他人のところにまで、非常《ひじょう》に大きく拡がった状態なのではないかと思いました。

「私のなかにみんながいる」は、協調ロボットの研究を通して私が感じていた「みんな自分の一部なんだ」という考えに基《もと》づいて行動することを意味しています。

神林先生が、どういった哲学《てつがく》で、この考え方をおもちになったのか、それ以来、ずっと気になっていました。

そして、2024年の3月、私が大学を退職《たいしょく》するにあたり最終講義《こうぎ》をしなければならなかったので、ぜひ神林先生のお話をきちんと理解《りかい》したうえで講義ができればと思い、思い切って国立《くにたち》学園に電話をさせていただいたというわけです。

そうしたところ、現《げん》校長の佐藤純一《さとうじゅんいち》先生（本日この会場に来てくださっています。ありがとうございます）が、前もって神林先生にお電話を入れてくださり、おつなぎくださいました。その結果、神林先生が実際《じっさい》にお会いくださり、今日の会にもつながったという次第《しだい》です。

司会：浅間先生、ありがとうございます。みなさん、浅間先生がおっしゃった通り、神林先生のお話は、まさに哲学です。僕《ぼく》は、それを「カンバヤシイズム」なんて呼《よ》んでいるのですが、その神林先生のお話を、工学・ロボット博士でいらっしゃる浅間先生が、みごとに解説《かいせつ》してくださったと思います。

科学者が、神林先生の教育実践《じっせん》をそんなふうに解釈《かいしゃく》して、こういうところがすごいんだとおっしゃった、というふうに僕には聞こえました。

神林先生自身、お聞きになっていかがでしたか？　あれ！　神林先生、どうなされましたか？

(涙《なみだ》ぐんだように見える神林先生)

おそらく神林先生は、淺間先生がご自分の話をよくわかってくださったことに感動されたのだと思います。ここで、白井《しらい》先生のお話をお聞かせ願いたいと存《ぞん》じます。白井先生は、初めてこのお話をお聞きになるわけですが、いかがでしょうか。ここまでのお話についてのご感想をいただけませんでしょうか。

■「神林先生、黙《だま》っていてくださいよ」

白井：おふたりのお話、興味《きょうみ》深く伺《うかが》いました。

私《わたし》は、神林先生とはしょっちゅう会うというわけではありませんが、国立《くにたち》学園の理事会でごいっしょさせていただいてきました。理事会では私はそんなに発言していないけれども、神林先生は、これはどうも神林先生が喋《しゃべ》りそうだな、と思うと喋るのです。いつも非常《ひじょう》に重要なポイントを突《つ》いて、「子どもたちには、こういうふ

神林《かんばやし》先生の教育実践《じっせん》とご自身の研究とのつながりを語る淺間《あさま》先生。

淺間《あさま》先生の話を聞きながら一瞬《いっしゅん》、涙《なみだ》をこらえるようにうつむく神林《かんばやし》先生。

うにやっていかないといけないんだよ」という根本的なところに立って話されるので、常々《つねづね》、素晴《すば》らしいなと思っていました。ときには（ご自分もおっしゃっているので遠慮《えんりょ》なく申しあげますが）少し頑固《がんこ》なのではないか、今の佐藤《さとう》校長さんが苦労しているのではないかと思うときもありますし、後輩《こうはい》が「神林先生黙《だま》っていてくださいよ」という雰囲《ふんい》気《き》のときも、なくはないのですね（笑）。

では、「私《わたし》のなかにみんながいる」についてですが、ちょっと話したいなと思ったことがあります。私がやっている「音声言語」の研究の話です。

にこやかに語る白井《しらい》先生。

「音声言語」という分野には、AI《エーアイ》に象徴《しょうちょう》される技術的《ぎじゅってき》なところを研究している学者ばかりではなく、哲学的《てつがくてき》なことをやっている学者や、心理をやっている学者、もちろん言語学者など、いろいろな人たちがいます。そのなかで私たち工学研究者は「対話型《がた》AI」をつくりたいと願って、みんなで研究・開発をしています。「対話型AI」の研究には、次のようなことがあります。

- 対話はどういう原理で起こるのか?
- 対話はどういう意味をもち得《え》るのか?
- 対話をすることで、どんな可能性《かのうせい》が出てくるのか?

今、このようなことを課題にもちながら、人間とロボット(対話型AI)で対話をすること、ロボット同士《どうし》で対話することをめざして研究が進められています。

ロボット(対話型AI)にもいろいろあります。実は、車もロボットみたいなものですから、車とも対話しなければなりません。だから、車のなかでの「対話型AI」の研究というのもさかんに行われています。と、私の研究分野の話をしましたが、今述《の》べた3つのことは、きっと神林先生なら教育実践《じっせん》の課題と同じとお感じになるのではないでしょうか。ねえ。神林先生？

神林：はい。その通りです。

白井：ああ、よかった。

▩対話型《がたエーアイ》AI

白井：人は、自分ひとりで考えるのではなく、ふたりで話す（ふたりでなくても3人以上でもいい）、つまり、対話をしていると、ほかの人の頭も猛烈《もうれつ》に借りることになると、私《わたし》は考えています。

一人ひとり、まさに違《ちが》う子どもたちが、何を考えているのかはわかりませんが、教室という世界のなかでは、ひとりで考えているのと全く異次元《いじげん》のみんなの「対話型AI」ができあがるのです。それが、コミュニケーションのもつ大きな意味だと、私《わたし》は考えています。だから、私も「私のなかにみんながいる」でよいと感じています。

機械が相手では、全く異次元《いじげん》のみんなの対話型AIに行き着くのは難《むずか》しいのですが、その難題《なんだい》を解決《かいけつ》するのは、淺間さんが取り組まれている「協調ロボット」研究にお任《まか》せしたいと思います。そして、教育となれば、神林先生の教育実践に感銘《かんめい》を受けた今の現場の先生方が、ご自分のなかに子どもたちがいる、と覚悟《かくご》して、それぞれの教育実践《じっせん》をしていただくといいのではないかと思いました。

熱意をもって話したり反応《はんのう》を見ながら話したりして、対話がうまくできるということは、多くの人といっしょに考える通信コミュニケーションが成り立つということなのです。これは、非常《ひじょう》に素晴《すば》らしい対話型AIが、言い換《か》えれば、協調することがもっている意味だと、私は考えています。こんなところでよろしいでしょうか。

司会：ありがとうございます。

（淺間先生が挙手）

淺間先生どうぞ。

■対話によって人との関係が築《きず》かれていく

淺間：白井先生のお話にあがった「対話」というキーワードで考えたことがあります。（もし間違《まちが》っていたら神林先生に指摘《してき》していただきたいのですが）対話によって人との関係が築《きず》かれていくと、私《わたし》は思います。いわゆる人との関係が築けていない状態《じょうたい》というのは、ひとつのコミュニティのなかでもわりと孤立《こりつ》しているというか、寂《さび》しい状態になっている。つまり「みんなのなかに私がいる」という感じが強いのではないかという気が、私はしています。一方で、会話が非常《ひじょう》に活発に行われ、みんなと親しくなる状態になると、そのコミュニティのなかで「私のなかにみんながいる」という状態に近づいていく。だから、「みんなのなかに私がいる」と「私のなかにみんながいる」のどっちに近くなるかは、対話によって変わってくると

白井《しらい》先生の発言を受けて、淺間《あさま》先生が自身の専門《せんもん》分野からさらに発言。鼎談会《ていだんかい》ならではの展開《てんかい》になった。

思います。対話がリッチだとみんなと仲よくなり、みんなのことが自分事のように感じられるようになったとき、「私のなかにみんながいる」という感覚になっていくような気がしたのです。いかがでしょうか。

神林:たしかにその通りだと思います。

ただ「対話」というと、もうひとつの「問答」という言葉が思い出されます。僕《ぼく》は、「問答」になると、ふたりの間に壁《かべ》があるような、かたい感じがするように思います。反対に、グンとやわらかくすると「おしゃべり」になる。そういうところをきちっとしながら、コミュニケートを考える。相手とともに生きる、相手とともに生活する、相手とともに学び合うというのをやるには、まさに「対話」なんですね。

白井先生のご研究については、僕はわかりませんが、白井先生が「対話」という言葉をもち出してくださったことを、うれしく思いました。対話を実践《じっせん》するためには「みんなのなかに私がいる」では、自分自身がどういう人間かというのがはっきりしてこないし、みんなとの対話がうまくコミュニケートされず、みんなのなかに埋《う》もれてしまいやすいのではないかと。

子どもたちに僕《ぼく》がよく言うのは、「あなたたち一人ひとりのなかにクラスのみんながいるんだ」ということ。太郎《たろう》くんが先生に叱《しか》られているときに、僕でなくてよかった、と思うのは「みんなのなかに私《わたし》がいる」考え方です。「私のなかにみんながいる」となれば、「神林から叱られていた、気の毒《どく》だな、何とか助けられることはないか」と、手の差し伸《の》べ方もわかってくるのです。

そこに真の意味の「対話」が存在《そんざい》するのだと、私は思っています。

浅間：ありがとうございます。

司会：すごいですね。白井先生の話を受けて、さらに浅間先生と関連づけてお答えになられるとは。さすが「カンバヤシイズム」！

神林：いやいや稲葉さん、何を言っているんですか。

（会場、大笑い）

「子ども大学くにたち授業《じゅぎょう》」からこの鼎談《ていだん》まで、多くのお客さまが参加。

鼎談《ていだん》は、真剣《しんけん》な話のなかにも時折笑顔がこぼれ、和やかに進む。

■参加者の意見・質問《しつもん》

司会：ありがとうございます。これ以上いくと、眠《ねむ》れなくなってしまいそうです。(笑)

今日の鼎談《ていだん》の素晴《すば》らしいところは、この後、お聞きになった方がみなずっと考えてしまうところではないでしょうか。ああ言っていたけれど、こうではないかとか、それぞれにご自身のなかでしばらく思うでしょう。眠れませんね。

時間の関係もありますから、ここでお客様からひと言いただきたいです。まずは、神林先生の教えをしっかり受け継《つ》いでいらっしゃる、現在《げんざい》の国立《くにたち》学園小学校の校長、佐藤純一《さとうじゅんいち》先生、お願いできますか。

佐藤：今日は、素晴らしい授業《じゅぎょう》から鼎談《ていだん》まで、お話しいただきありがとうございました。お三方それぞれの先生の味が出ていたのではないかと思いました。

浅間先生のお話はとても興味《きょうみ》がもてて、これから日本はそういうことを考えなくてはいけない時代がやってきたのだなと思いました。

白井先生は、お歌が好きで、自分のなさりたいことをやってきた方なのだなぁ、と以前から思っていました。とても魅力《みりょく》がある先生だと感じています。

神林先生は、私《わたし》たちの師匠《ししょう》であり、大先輩《だいせんぱい》なのです。教員は歯車というのがあり、みんなそれぞれの歯車があって、それがひとつでも止まってしまったら、学校という組織《そしき》は動かないんだぞ、という話をよくされていました。これも「私のなかにみんながいる」という発想と同じだと、私は思っています。

神林先生のお話を聞くと、じゃあ、どういう関わりを、コミュニケートをとっていったらいいのかと、絶《た》えず考えさせられます。それをできるかできないかではなく、常《つね》に意識《いしき》しながら生活していくことで、教師《きょうし》という立場、子どもに見られている立場にいる者にとって、人とこう接《せっ》していくことが大事なんだ

新人教師《きょうし》時代から神林《かんばやし》先生の教育理念を受け継《つ》ぐ、佐藤《さとう》先生。2020年度から国立《くにたち》学園小学校の校長を務《つと》める。

よ、と我々《われわれ》が身をもって教えていけるのではという気がしました。今日は本当にありがとうございました。

司会：ここで僕《ぼく》の方で、神林先生の「私《わたし》のなかにみんながいる」をたたき込《こ》まれた先生おひとりから、あらかじめお話を伺《うかが》っていましたので、簡単《かんたん》に紹介《しょうかい》します。国立《くにたち》学園の佐藤《さとう》校長の前の校長先生でいらした児玉宏之《こだまひろゆき》先生です。児玉先生は、「『私のなかにみんながいる』も『みんなのなかに私がいる』も、神林先生にとって、どちらもあったんですよ」と、僕に教えてくださっていたのです。だから、今日司会をするにあたって、悩《なや》みながらも、その二者選択《せんたく》の挙手から始めました。

もうおひとり、ある私立《しりつ》小学校の先生からもご意見をいただきましたので、敢《あ》えてご紹介させていただきます。その意見とは、次のようです。

「現在《げんざい》の自分自身が置かれている状況《じょうきょう》からは、『自分のなかにみんながいる』とは、捉《とら》えられない自分がいます。でも、子どもに向けては『自分のなかにみんながいる』というメッセージは、必要なのだろうなとも感じています」

それでは、会場に戻《もど》しますね。違《ちが》った立場からの意見が出そうな渡邉優《わたなべまさる》先生、お願いします。

渡邉：渡邉でございます。本日は、たいへん貴重《きちょう》なお話をいただきました。私に問いかけられているみたいに、自分事として聞くことができました。少しでも自分の頭が進歩したのではないかと。ありがとうございます。少しご質問《しつもん》してもいいでしょうか。お答えをおもちの方に。

　これだけ科学技術《ぎじゅつ》が発展《はってん》して、眼鏡《めがね》とか自動車とか、物理的な行動を助けてくれるようなものから、頭を助けてくれるような技術などがどんどん進化してくると、我々《われわれ》がＡＩ《エーアイ》に、支《し》配《はい》されてしまうのではないかなどとよく言われます。私も実は、大学で教師《きょうし》をしていてＡＩに頼《たよ》ることがございます。どんな資料《しりょう》があるのだろ

成蹊《せいけい》大学などで教鞭《きょうべん》をとる元外交官の渡邉優《わたなべまさる》さん。

う、どういう説が有力なのか、とかけっこう調べるのですが、そこで終わってはいけないなと考えていても、ついついＡＩ《エーアイ》が提供《ていきょう》してくれるところの答えに「これでいいかな」と妥協《だきょう》してしまいがちです。それではいけないと、自分ではいろいろな方法を考えてみたり、そうじゃない意見も見たりと、気をつけるようにはしているのですが。そこで、どうやったら我々《われわれ》がＡＩに支配《しはい》されないで、人間として生きていけるのかを教えていただければありがたいと思います。

司会：白井先生お答えいただけますでしょうか。

白井：たしかにＡＩは便利で、これを調べろとか言うと答えを出してくれて、通り一遍《いっぺん》のことだったら、それもいい答えじゃないのと採用《さいよう》もできるだろうし、それに頼《たよ》って生きていくこともできるのではないかと思うし、どんどんそうなるでしょうね。だからこそ、生身で知っている人間関係というものを、もっともっと大事にすべきだと私《わたし》は思うんです。

要するに、大学の講義《こうぎ》の筋書《すじが》きくらいだと、間違《まちが》ったことを言わなければいいわけです。だからＡＩだっていい。それで講義したって、一応《いちおう》お給料《きゅうりょう》はもらえるかもしれない。ですが、それは本当の授業《じゅぎょう》にあるべき人間関係という意味でいうと、学生にとってはぜんぜんつまらないことなのです。時間の無駄遣《むだづか》いかもしれない。

というのは、学生は、そんなの授業で聞かなくたって、自分で調べることはいくらでもできる。という世のなかに、どんどんなっているのですよね。

そうすると、授業とはいったい何なのか？　ということになる。先程《さきほど》の神林先生のお話に戻っていくと思うのですが、やっぱり一人ひとりの、この人には、こういう関係をもたなきゃいけない、いっしょにこれを考えなきゃいけない、そういう気持ちを、相手と共有するということが、よりいっそう重要になってきます。これはＡＩにできないとは言いませんが、我々が一人ひとりやっていくべきことなのではないかなと考えます。教師《きょうし》は最大に個性《こせい》を表す。子どもたちがみなそれぞれに反応する。そのなかに、ＡＩがコミットするということはもちろんありえると思うし、あったからいけないということはないと思います。そういうふうに私は、最近考えています。ＡＩ時代の教師と子どもの関係は興味深《きょうみぶか》い問題です。

司会：白井先生、ありがとうございます。神林先生も、この件《けん》でお考えがありそうにお見受けしますが。
神林：僕《ぼく》は、そもそも人間は個《こ》の存在《そんざい》だというふうに思ってます。
司会：どういうことでしょうか。
神林：人間は、一人ひとりの人間が自分であるということが証明《しょうめい》できてこそ、他人と比《くら》べて考えることができるんじゃないかな。個が確立《かくりつ》したうえで、個と個の関わり方や、個と個のぶつかり合いがあって、人間は成長できると、僕は考えています。そうだとすれば、A I《エーアイ》の答えがどうであれ、A Iの答えを自分の個と照らし合わせて、受け入れてもよし、捨《す》ててもよしということになるのでは？　判断《はんだん》は他人に任《まか》せるのではなく、個自身である自分が、取捨選択《しゅしゃせんたく》するようにしていかないと、個が存続《そんぞく》していかないのだろうなと、僕なんて思えてしょうがないのですよ。僕は、A Iがどうのなんて、難《むずか》しいことは言えないんだけれど……ということで渡邉《わたなべ》先生、失礼しました。
司会：神林先生らしいお話。ありがとうございます。
こういうことになると、淺間先生にもおっしゃりたいことがあるのでは？

浅間：はい。私《わたし》は、今の神林先生のお話を受けて思ったことを申し上げますね。人間って個性《こせい》だと思います。個性がないと存在意義《いぎ》がなくなりかける、他人に置き換《か》えられないからこそ、そこに存在しているのだというふうに私は考えるのです。そういう意味で、一人ひとりの個性と多様性《せい》を尊重《そんちょう》するという考え方が、極めて重要だと、私は申し上げたい。

それから、いわゆる機械に置き換えられない、人間特有の重要な感情《かんじょう》、英語でいうとempathy（エンパシー）というやつだと思います。それは、sympathy（シンパシー）とは違《ちが》って、その人の立場になって共感すること。シンパシーが外側から見て言うことであるのに対し、エンパシーはそうではなく、共感する、自分がその人になったような感覚で気持ちを共有することを言います。このエンパシーというのは、身体がある程度《ていど》共通性《せい》をもっていないと、もち得《え》ないのではないかと、脳《のう》の研究からも言われています。ＡＩは、人間と同じ身体をもっていませんよね。ＡＩは仕事においては人間のいいパートナーになるかもしれないですが、ＡＩと何かしらのエンパシーを感じ合えるような形にはならないのではないかと、私は考えています。

そうすると、機械と人間というのは同等ではないことになりますでしょ。人間は、人間に対してはエンパシーを感じ、「私《わたし》のなかにみんながいる」という感覚になり得《え》るけれども、たぶんですが、身体をもたないAI《エーアイ》に対しては？　AIが身体的な感覚というのを言葉だけでどこまで学習できるか、まだまだ私は疑問《ぎもん》をもっています。エンパシーみたいなところに依拠《いきょ》する社会をつくっていくうえでは、人間がAIに乗っ取られることはないのではないか、なんて私は思っているのです。

司会：白井先生、淺間先生の今のお話は、僕《ぼく》も含《ふく》めて、追いついて行かないような気がしました。すみません。神林先生がご発言してくださって、より理解《りかい》できたような気がするのですが、みなさん、いかがですか。

（会場の全員がそう感じたようだった）

淺間：それでは違《ちが》う視点《してん》からもうひと言いいでしょうか。民主主義《しゅぎ》を守るうえで非常《ひじょう》に大事な考え方について。一人ひとりの個《こ》というものを尊重《そんちょう》しながら、何か物事を決めていくというのが、民主主義の基本《きほん》ですよね。そういう意味では、最初から個ありきみたいな議論《ぎろん》にせずに、個性《こせい》をもったいろいろな方の意見を聞きながら、エ

＊林家木久翁《はやしやきくおう》：1958年に漫画家《まんがか》としてデビュー後、落語家に転身。2024年、歴代《れきだい》最長55年レギュラーを努《つと》めたテレビ番組「笑点《しょうてん》」を卒業。以後も高座《こうざ》他で精力的《せいりょくてき》に活動。

ンパシーを感じつつ、いろいろな自分の行動の意思決定をしていくということが、重要になってくるのだと、私は考えます。だから、さっきの神林先生の「私のなかにみんながいる」という考え方は、まさに民主主義の根本なのではないかと思った次《し》第《だい》でございます。

司会:盛《も》り上がってきましたね。ありがとうございます。どこまでも続きそう。

(時計を見せながら)

浅間先生すごいですよ、ぴったり予定の17時になります。

この前、私が行った鼎談では、京都大学前総長《そうちょう》の＊山極壽一《やまぎわじゅいち》先生がゴリラのおもしろい話をしてくださっていたのですが、＊きむらゆういち先生が、的を射《い》た質問《しつもん》をされた途端《とたん》に、スイッチが入って、どんどん専門的《せんもんてき》な内容《ないよう》になっていきました。でも、それを＊林家木久扇師匠《はやしやきくおうししょう》がうまく茶化しながら話をしてくださったということがありました。何となく、その木久扇師匠のお役目は神林先生が……。おふたりとも間もなく米寿《べいじゅ》になられます。

神林:木久扇師匠も88歳《さい》?

＊山極壽一《やまぎわじゅいち》:京都大学理学部卒業。霊長類《れいちょうるい》学者。2023年まで同大総長《そうちょう》、現在総《げんざいそう》合《ごう》地球環境《かんきょう》学研究所所長。著書《ちょしょ》多数。＊きむらゆういち:多摩美術《たまびじゅつ》大学卒業。絵本・童話作家。代表作に「あらしのよるに」シリーズほか多数。

司会：木久扇師匠《きくおうししょう》は来年の10月で88歳《さい》。神林先生はこの9月3日が米寿《べいじゅ》のお誕生日《たんじょうび》ですね。

それでは本日は、これにてお開きとさせていただきます。

みなさんが何とも哲学的《てつがくてき》なお話をしてくださったので、僕《ぼく》としては、力不足を感じながらも、無事大事な役目を終えることができました。

神林先生の米寿のお祝いの意味も込めて、この鼎談集《ていだんしゅう》をまとめたいと気持ちを新たにしています。淺間先生と白井先生のお話もしっかり入れていきますが、もっともっと勉強しないとなりません。しばらく僕は、眠《ねむ》れないなと思っています。

本当にありがとうございました。

第三章

「カンバヤシイズム」とロボット工学

本書では、「はじめに」と第一章で、神林照道《かんばやしてるみち》先生の「私《わたし》のなかにみんながいる」という言葉について、神林先生、白井克彦《しらいかつひこ》先生、浅間一《あさまはじめ》先生のお三人が話し合う会（鼎談会《ていだんかい》）の様子を見てきました。この章では、神林先生の教育実践《じっせん》（カンバヤシイズム）と浅間先生のロボット工学のお話を、浅間先生の語りでお読みください。

■宇都宮《うつのみや》での講演《こうえん》の際《さい》には

私《わたし》は、大学を退職《たいしょく》して新たに東京大学東京カレッジ（→P190）で働きはじめました。

先日、ロボット関係の研究者などが参加する会議で「自律分散型《じりつぶんさんがた》ロボットシステム」という題目の講演をすることになりました。そこでの私の講演内容《ないよう》はともかくとして、講演の終わりに私は、神林《かんばやし》先生がお話しされていた「私のなかにみんながいる」という言葉について、次のように紹介《しょうかい》させていただきました。

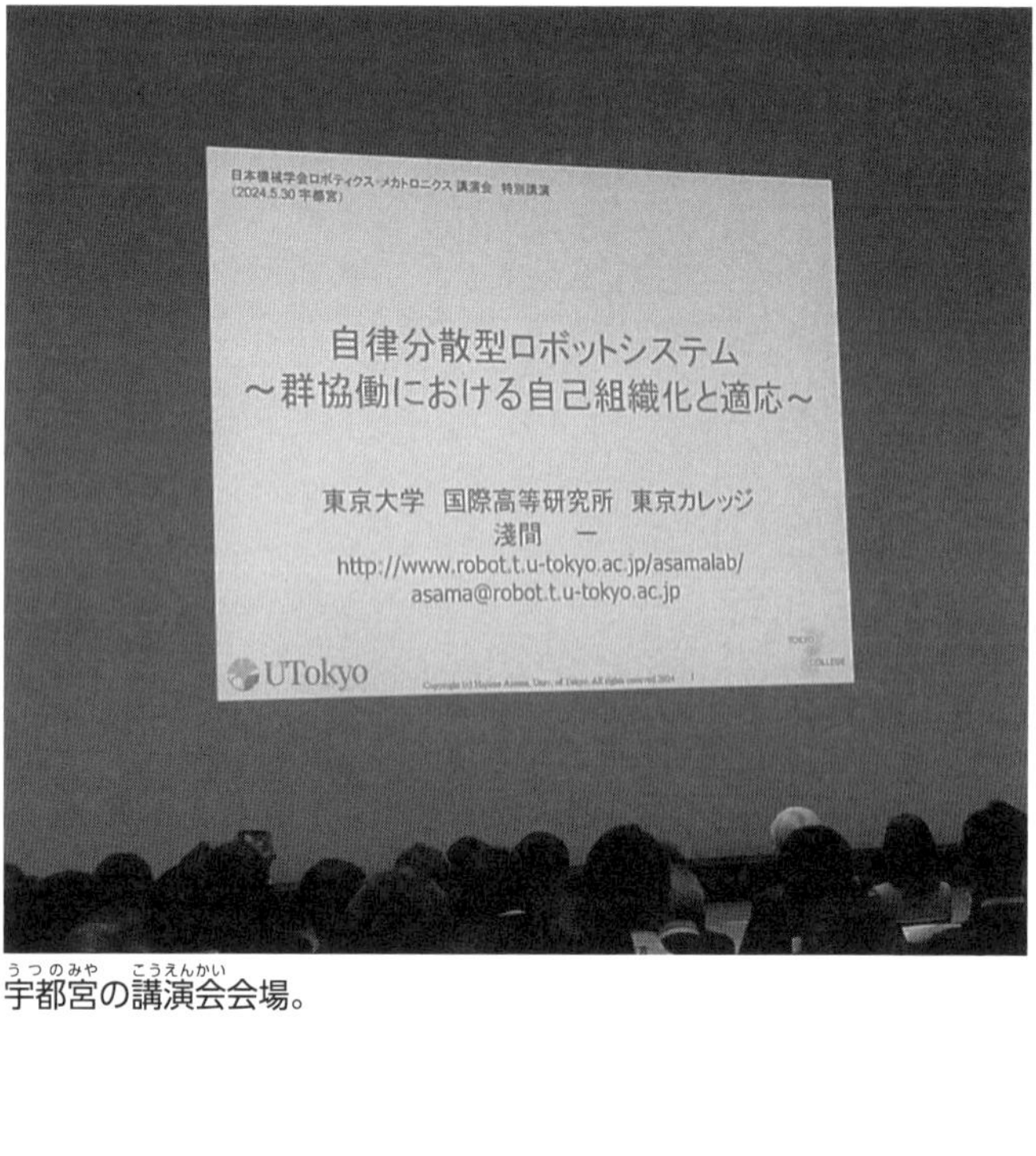

宇都宮《うつのみや》の講演会《こうえんかい》会場。

■運動主体感

まず、「運動主体感」という研究についてお話しします。たとえば、私が手を動かしているとします。「この手を動かしているのはだれですか?」と聞くと、「私です」と答えます。これは「自分で動かしている」という感覚があるからです。

ところが、統合失調症《とうごうしっちょうしょう》という脳《のう》の病気をもつ患者《かんじゃ》さんのなかには、「自分で手を動かしている感覚がない」という人がいます。あるいは、「勝手に体が動いてしまう」などと言う方がおられます。

たとえば、統合失調症の患者さんの前に、くしを置いて、「このくしを触《さわ》らないでください」と言っても、その患者さんは、「はい」といった後にもかかわらず、くしを手にとって髪《かみ》をとき始めることがあるそうです。「触らないでと言ったでしょ」と言うと、「わかっているのですが、勝手に手がくしを取って、髪をとかしはじめてしまう」などと言います。

「じゃあ、その動きは、だれがやっているんですか?」と聞くと、「私《わたし》ではありません」「神です」「だれか別の人です」などと答える! ということは、彼《かれ》らは、自分には手を動かしている感覚がなく、体が勝手に動いてしまうと思っていることになります。また、彼らは、人前で服を脱《ぬ》いだりすることがあるそうですが、「脱いだらいけないと、わかっているのに勝手に脱いじゃうんですよ」と言う患者《かんじゃ》さんがいるようです。

統合《とうごう》失調症《しょう》という病気の人のなかには、どこまでが「自分」で、どこからが「他者」なのかがわからなくなっている人がいるのだそうです。このように自己《じこ》なのか他者なのかを区別することを「自他帰属《きぞく》」と呼《よ》んでいます。

身体所有感《しんたい》

次に「身体所有感」についてお話しします。自分の体ではないものに対し、自分のものであるかのように感じることがあります。この感覚を「身体所有感」と呼びます。先に述《の》べた「運動主体感」が「動き」のことについて言っているのに対し、これは「身体《からだ》」だと感じることを指す言葉です。被験者《ひけんしゃ》の身体を指して「これはだれの身体ですか？」と聞くとします。その質問《しつもん》に対し、一般《いっぱん》の被験者は「私の身体です」と答えます。ただ実は、「自分の身体」という感覚は、変化することがわかっているのです。

たとえば、野球選手、それもイチロー選手のような一流の選手は「バットの先まで自分の身体になっている」といった話。どういうことかと言うと、そういう人は、自分の脳が、バットの先までを自分の身体の一部であるかのように知覚し、脳《のう》の命令が、バットの先の動きにまで影響《えいきょう》するという話です。つまり、背中《せなか》を孫の手などでかいていると、いつの間にか孫の手の先までが「自分の身体」に感じられるというのです。「ラバーハンドイリュージョン」という実験があります。この実験は、次のようにして行います。

- 自分の手と自分の手に似《に》せた偽物《にせもの》の手（ラバーハンド）を用意する。
- 自分の手と偽物の手の間についい立てを置く。
- 自分の手は、自分から見えない状態《じょうたい》に置き、似せた偽物の方は、見える状態に置く。
- 別の実験者が、自分の手と偽物の手を同時に触《さわ》る。
- これを何度も繰《く》り返す。

すると、だんだん偽物《にせもの》の手が自分の手のように思えてくる、即《すなわ》ち、偽物の手を自分の手であるかのように認知《にんち》してしまうのです。これは、だれが実験しても同じことが起こります。もし、偽物の手を殴《なぐ》るとします。「痛《いた》い！」と悲鳴があがります。イリュー*ジョンが起きている証拠《しょうこ》です。

自分の手をたたいているわけではないのに痛さを感じてしまうのです。これは、先ほど「自分の身体《しんたい》という感覚は変化する」と書いたことの1例になります。「何が自分で、何が自分じゃないか」、言い換《か》えれば「自分と他者との境目《さかいめ》がどこか」ということは、状況《じょうきょう》に応《おう》じて変化するのです。

拡自《かくじ》行動

ではここで、だれかが別のだれかとチームを組む（協調する）場合を考えてみます。みんなが協調している状況というのは、実は、そのチームのみんなが「ひとつの自分」になるということなのです。わかりにくいかもしれませんが、これは、「自分は何ができるか？」「自分とは何か？」を考えることにつながっているのです。

＊イリュージョン：幻想《げんそう》・幻影《げんえい》、錯覚《さっかく》。

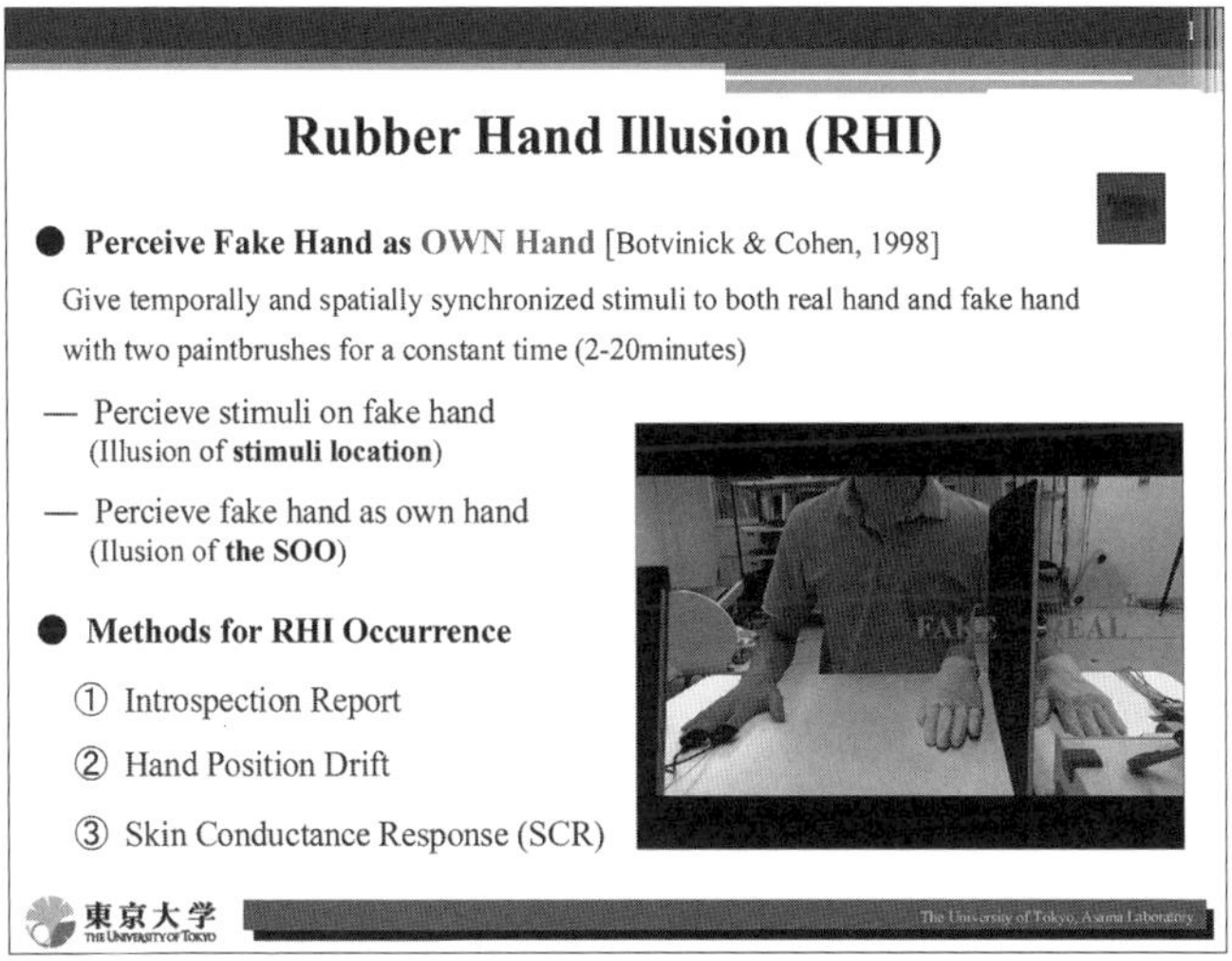
Rubber Hand Illusion (RHI)
● Perceive Fake Hand as OWN Hand [Botvinick & Cohen, 1998]
Give temporally and spatially synchronized stimuli to both real hand and fake hand with two paintbrushes for a constant time (2-20minutes)
— Percieve stimuli on fake hand (Illusion of stimuli location)
— Percieve fake hand as own hand (Ilusion of the SOO)
● Methods for RHI Occurrence
① Introspection Report
② Hand Position Drift
③ Skin Conductance Response (SCR)
東京大学 THE UNIVERSITY OF TOKYO
The University of Tokyo, Asama Laboratory

淺《あさ》間《ま》先生が研究室で行った「ラバーハンドイリュージョン」という実験を紹介《しょうかい》するスライド。

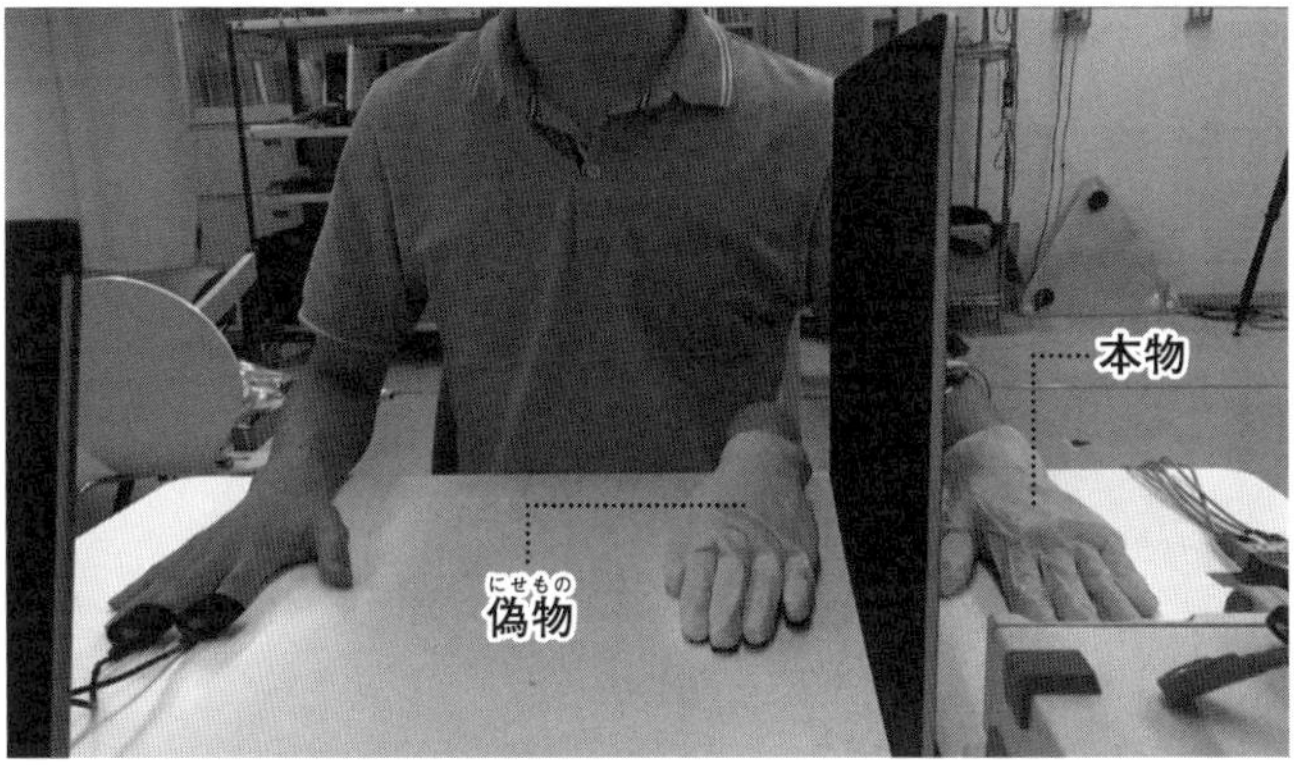
本物
偽物《にせもの》

つい立ての左側にあるのが偽物《にせもの》、右側にあるのが本物の手。

「自分であること」は、裏返《うら》せば、通常《つうじょう》は「自分の身体《しんたい》の外側は自分ではない」ことを意味します。

でも、自分のまわりのみんなが、自分に協力してくれている状況《じょうきょう》になると、「自分」が拡《ひろ》がり、自分の身体の外側に存在《そんざい》する、協力者、即《すなわ》ちチームのみんなを含《ふく》めて「自分」になっているわけです。このようなことを、私《わたし》は、「拡自行動《かくじ》」と呼《よ》んでいます。「拡自行動」をすると、自分、そして自由度（動かせる度合いのこと）が拡大《かくだい》します。

どういうことかと言うと、次のような例をあげることができます。

お茶を飲む場合、自分が手を伸《の》ばして湯のみ茶碗《ぢゃわん》を取って飲むなら、自分の自由度を使って飲むことになりますが、だれかに頼《たの》んでお茶を口まで運んでもらうとすれば、それは他人の自由度を使っているので自由度が拡大している状態《じょうたい》と言えます。このとき、自他（自分と他人）の境界《きょうかい》は自分の身体を超《こ》えて拡大しており、チームメンバーも自分（私）の一部となっていると言えるのです。

神林先生は、私に、ご自分が教育実践《じっせん》の核《かく》とされている「私のなかにみんながいる」という言葉の意味を、とても丁寧《ていねい》にお話しくださいました。実は、私は、それを聞いた瞬間《しゅんかん》、「拡自行動」だ！　と感じたのです。即ち、私の言う「拡自行動」とは、「『みんな』も『自分』の一部であると認知《にんち》している状態」だと理解《りかい》したので、すぐに「よくわかりました」と申し上げたのです（↓P24）。

私は会場に向かって、この写真とともに、次のようにお話ししました。

神林先生は、「みんなのなかに私がいる」とは、「私」がone of them《ワンオブゼム》（その他大勢《おおぜい》のなかのひとり）になってしまうことだとして、次のようなお話をしてくださいました。

・たとえば、親は「自分の子どももみんなと同じように育てればいい」「みんながやって

演題　自律分散型ロボットシステム
～群協働における自己組織化と適応
神林照道先生の話
わたしの中にみんながいる
みんなの中にわたしがいる
・個性に配慮した教育
→個の多様性
→多様性の維持
・個の重要性
わたし（主体）＝システムという意識
（社会における主体感）
システムへの個の貢献・影響
UTokyo

宇都宮《うつのみや》での講演《こうえん》の最後に、神林《かんばやし》先生の言葉と自身の考えを紹介《しょうかい》する淺間《あさま》先生。聴衆《ちょうしゅう》には若《わか》い人も多くいたが、みんな真剣《しんけん》に聞いていた。

るからこういうふうに育てればいい」という考えに陥《おちい》りがち。
・そうしてはいけない。子どもたちには個性《こせい》があるから個性を大事にしてほしい。
・むしろ「私《わたし》」が中心であって、「そのなかにみんながいる」という考えでいるべきだ。
そのとき私は、神林先生が言う教育というのは、「個性に配慮《はいりょ》した教育」であり、「個の多様性《たようせい》の尊重《そんちょう》、多様性の維持《いじ》」だというふうに解釈《かいしゃく》しました。

と同時に、「私のなかにみんながいる」というのは、先にも言いましたが、自他の境界《きょうかい》が拡《ひろ》がっている状態《じょうたい》だということではないかと感じたのです。

そしてそれは、何が起こったとしても、それは他人事ではない、自分のことだと感じられることにつながり、みんなが、自分にも責任《せきにん》があると考えられるようになることだと思いました。

まさに、「民主主義《しゅぎ》で世界の平和をどう実現《じつげん》するか？」に関わる非常《ひじょう》に重要な話です。ひと言で言えば、私は、神林先生の話は「究極《きゅうきょく》の拡自《かくじ》行動」だと思って、非常に感銘《かんめい》を受けたのでございます。

最後は、時間がなくなってしまったので、唐突《とうとつ》な終わり方をしてしまいましたが、私は、先に出てきた「カンバヤシイズム」（→P53）を、みなさんに紹介《しょうかい》したかったわけです。神林先生の「カンバヤシイズム」は、拡自行動の究極の考え方だと、ここであらためて申し上げたいと思います。

第四章

大ベテランの先生が子どもに直接授業《ちょくせつじゅぎょう》

2024年6月29日、神林《かんばやし》先生（教員暦《れき》52年）、白井《しらい》先生（教員暦46年）の大々ベテラン先生、いちばんお若《わか》い浅間《あさま》先生でも教員暦は22年。その3人の先生が、小学1～6年生の子どもたちに直接授業《ちょくせつじゅぎょう》を行ってくださいました。ところが、その後ろには、大勢《おおぜい》の老若男女《ろうにゃくなんにょ》オブザーバーが参観。先生方にとっては、非常《ひじょう》に難《むずか》しいシチュエーションの授業でした。

①浅間《あさま》一《はじめ》先生「ロボットとは何か？」

■ロボットの初まり

司会：今日の「子ども大学くにたち」の1時間目は、浅間一先生の「ロボットとは何か？」の授業《じゅぎょう》です。続いて、2時間目が白井克彦《かつひこ》先生の「人工知能《ちのう》・AI《エーアイ》とは？」。3時間目が、この学校の元校長・神林照道《てるみち》先生の「漢字の話」です。そして最後に、3人の先生がせっかくこうしてお集まりくださったので、あるひとつのテーマについて、少しだけお話をお聞きしたいと思っています。

それではさっそく、トップバッター、浅間一先生をご紹介《しょうかい》しましょう。

浅間先生は、今年の3月、長年務《つと》めていた東京大学を退職《たいしょく》され、現在《げんざい》は東京大学東京カレッジ（→P190）で引き続きロボットに関するご研究・開発をしていらっしゃいます。早速、浅間先生にご登壇《とうだん》いただきましょう。盛大《せいだい》な拍手《はくしゅ》でお迎《むか》えください。

浅間：みなさん、こんにちは。実は、私《わたし》の娘《むすめ》と息子《むすこ》が国立《くにたち》学園小学校の出身で、娘は19年前、息子は15年前に学び、無事卒業をさせていただきました。当時の校長の神林先生にもたいへんお世話になりまして、今回いろんなご縁《えん》が生まれ、今日ここでお話をさせていただくことになりました。どうぞよろしくお願いいたします。私は、ロボットの研究者で、今日はロボットについてのお話をさせていただこうかと思います。

　ご存《ぞん》じの人もいらっしゃるかと思いますが、人類にとっての初めてのロボットは、チェコの戯曲家《ぎきょくか》カレル・チャペックという人が1920年につくった『RU《アールユー》・R《アール》』という戯曲に出てくる人間の形をした機械です。その戯曲のなかでは、機械が人間に代わって労働していました。

子ども大学の授業《じゅぎょう》では、子どもたちは「学生」と呼《よ》ばれ、保護者《ほごしゃ》と離《はな》れて前方に着席する。

その機械を演《えん》じているのは人間でしたが（左ページ上）、「ロボット」と呼《よ》んだわけですね。それ以来、人間のような形をしている機械、人間のように動ける機械のことを「ロボット」と呼ぶようになりました。ですから、ロボットの原型《げんけい》といえば、人型《ひとがた》！

次に、ロボットの祖先《そせん》についてお話しします。

昔から動く機械の開発が進められてきました。この写真を見てください（左ページ下）。これは、江戸《えど》時代にあった日本のからくり*人形です。自分で矢を取って、弓で引き、矢を放つとちゃんと的に当たるんですよ。見かけからはわかりませんが、この服のなか、あるいは台の下に歯車などの仕掛《しか》けがありまして、それでちゃんと動くようになっている。これがロボットのひとつの祖先です。

こういうのはヨーロッパにもありました。

「オートマタ」というからくり人形です。いろんなからくりがありまして、たとえば、人形が動きながら楽器を演奏《えんそう》するというものです。これもロボットの祖先《そせん》ということになります。

＊からくり：糸などであやつって動かすことや、そうした仕掛《しか》けで動くもの。また、仕掛け自体のこと。

カレル・チャペックの戯曲《ぎきょく》『R.U.R.《アール ユー アール》』の1場面。右から2番目、3番目が〝ロボット〟。

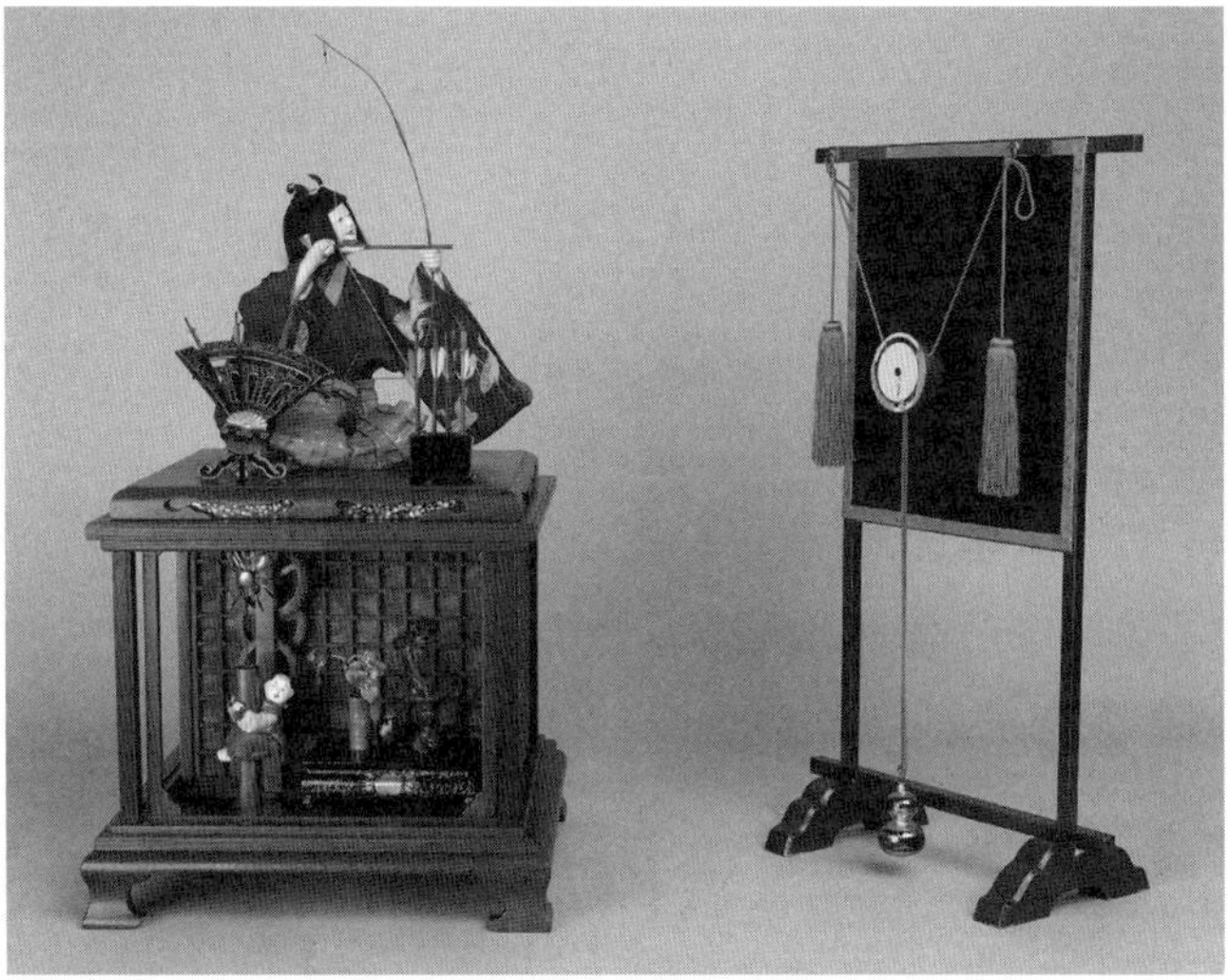

「弓曳《ゆみひ》き童子《どうじ》」と呼《よ》ばれるからくり人形（レプリカ）。

久留米市教育委員会所蔵／稲益誠之撮影

■現代《げんだい》のロボット

現代は、いろんな種類のロボットがあります。今日は、そのロボットについて、小学生のみなさんにもわかりやすいようにご紹介《しょうかい》したいと思います。でも、最初は、ロボットの定義《ていぎ》についてお話ししますね。これは少し難《むずか》しいですが、頑張《がんば》って聞いてくださいね。

「ロボットとは何か?」

日本の国の経済産業省《けいざいさんぎょうしょう》という役所が、次のように定義《ていぎ》しています。

「センサ、知能《ちのう》・制御系《せいぎょけい》、駆動系《くどうけい》の3つの技術要素《ぎじゅつようそ》を有する、知能化《ちのうか》した機械システム、または、それに類するもの」

なんとも難しいですね。まず、「センサ」というのは、私《わたし》たち人間の目とか耳とか、外の情報《じょうほう》を集めるものです。センサでよく使われるのは、カメラですね。スマホにもカメラが入っています。小さいので、どこにあるかわかりづらいですが。

普通《ふつう》のカメラだとわからない、奥行《おくゆ》きがわかるカメラもあります。また、360度見ることができるカメラもあります。

一方、自分がどういうふうに動いているかをはかる「内界センサ」というものもあります。これは、自分の関節の角度などをはかることができます。

「知能・制御系」は、人間でいう脳《のう》にあたります。私《わたし》たちが聞いたり、見たりした情報《じょうほう》に基《もと》づいて、自分の筋肉《きんにく》をどう動かすかを決め、それを制御するということをします。「制御」は、コントロールすると言った方がわかりやすいかもしれませんね。

最後の「駆動系」というのは「アクチュエータ」とも言います。私たち人間の筋肉、体を動かすためのもののことです。アクチュエータは、ロボットでは大体モータで動か

すということになります。もちろんエンジンを使っているものもあります。

では、ロボットの頭ってどうなっているのでしょうか。説明はとても難《むずか》しいですが、簡単《かんたん》に言うと、次のような仕掛《しか》けになっているのです。

右下にある駆動系《くどうけい》（アクチュエータ）はモータで動きます。モータを回すには電圧《でんあつ》がいるわけですが、外界センサ、内界センサに基《もと》づいて「今こうなっているな」というのをわかったうえで「自分はこうしたいから、こういうふうに体を動かしたらいいんじゃないか」と考えて動かす、というようなことがロボットの頭のなかで起きているのです。

こういったプログラムは、コンピュータで作っ

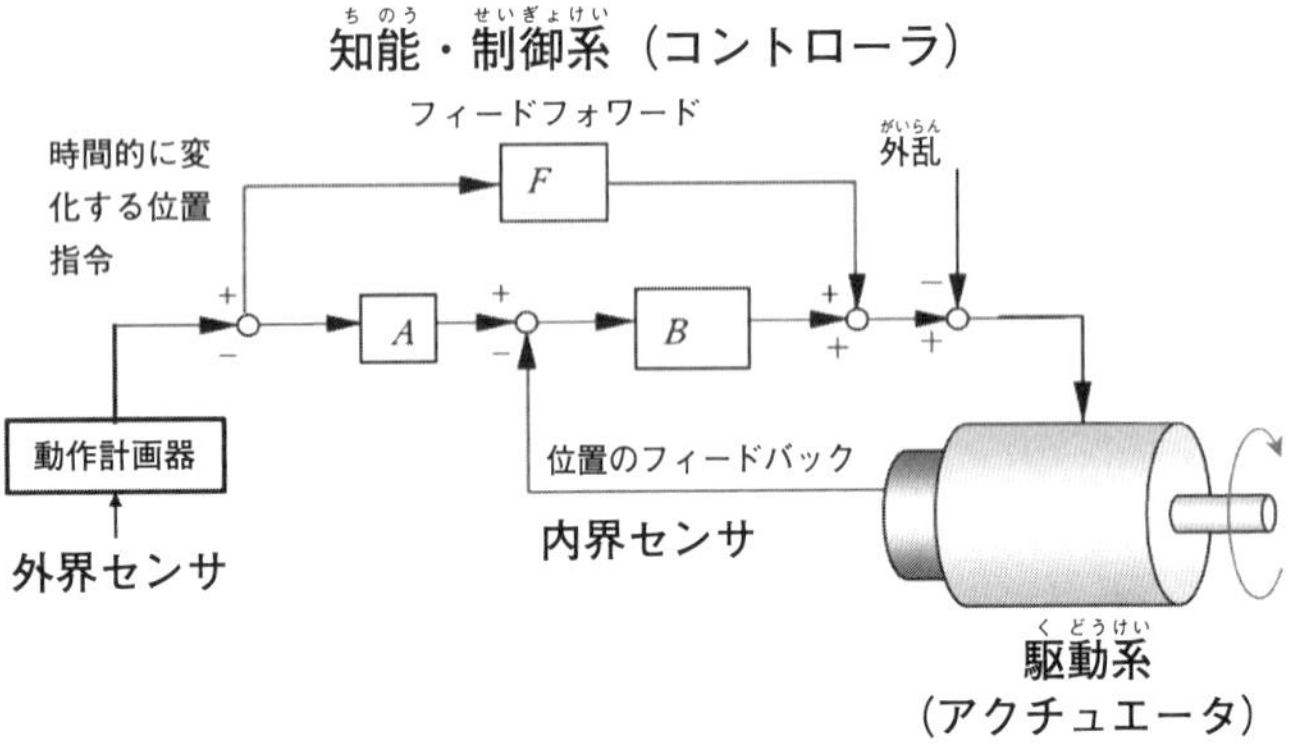

て、それをロボットに載《の》せる。人の脳《のう》に当たる部分をつくることを、既《すで》に人間は実《じつ》現《げん》してきたのです。

ところで、ロボット技術《ぎじゅつ》とはどういう技術かに関連して、「システム・インテグレーション＊」という言葉があります。

ロボットというのは、センサだけでも、アクチュエータだけでも、脳だけでもダメ。全部がひとつにうまく統合《とうごう》されて、初めてシステムになるので、ロボット技術はそう呼《よ》ばれているのです。ちょっと難しいかもしれませんが、「システム」を理解《りかい》するためには、システムの反対語を考えるといいと思います。

システムの反対語って何でしょう？　これ、実は「要素《ようそ》」なんですね。一つひとつの要素はシステムではありませんが、要素をたくさん集めてまとめるとシステムになるということです。

みなさんは、一人ひとりは、自分の小学校の児童ですけれども、みんなが集まるとみなさんの小学校になる、小学校というのはシステムなんです。

ロボットというのはですね、大体1950年くらいからその歴史《れきし》が始まっていて、

＊インテグレーション：異《こと》なる複数《ふくすう》のものをまとめること。統合《とうごう》、統一《とういつ》などの意味をもつ英語の integration。

1980年にブレイクします。これは、産業用ロボットというのが非常《ひじょう》にたくさん工場で使われるようになってきたという年です。

実は、現代《げんだい》では、ロボットでいちばん有名なのが産業用ロボットなんです。これはみなさんはほとんど見ることがありませんね。なぜなら、こうしたロボットは工場のなかにいるからです。ロボットを人型《ひとがた》と思っていたら、大間違《おおまちが》いです。現代のロボットの花形は、ロボットの腕《うで》だけのような、人の形をしていない機械で、ものづくりをする産業用ロボットなのです。

たとえばこのロボットは（会場にスライドを見せて）、一所懸命《けんめい》に自動車の組み立てをしているのです。パッと見ると人はいません。たくさんのロボットはガンを近づけて溶接《ようせつ》をしている。このようなロボットが世のなかにはたくさんあります。物を加工したり、溶接をしたり。塗装《とそう》、車の色を塗《ぬ》ったり組み立てたり検査《けんさ》したり。

ヒューマノイドロボット

産業用ロボットとは全く別のロボットもありますね。こっちの方は、みなさんは

授業中《じゅぎょうちゅう》に淺間《あさま》先生が子どもたちに見せたロボットの年表《ねんぴょう》。

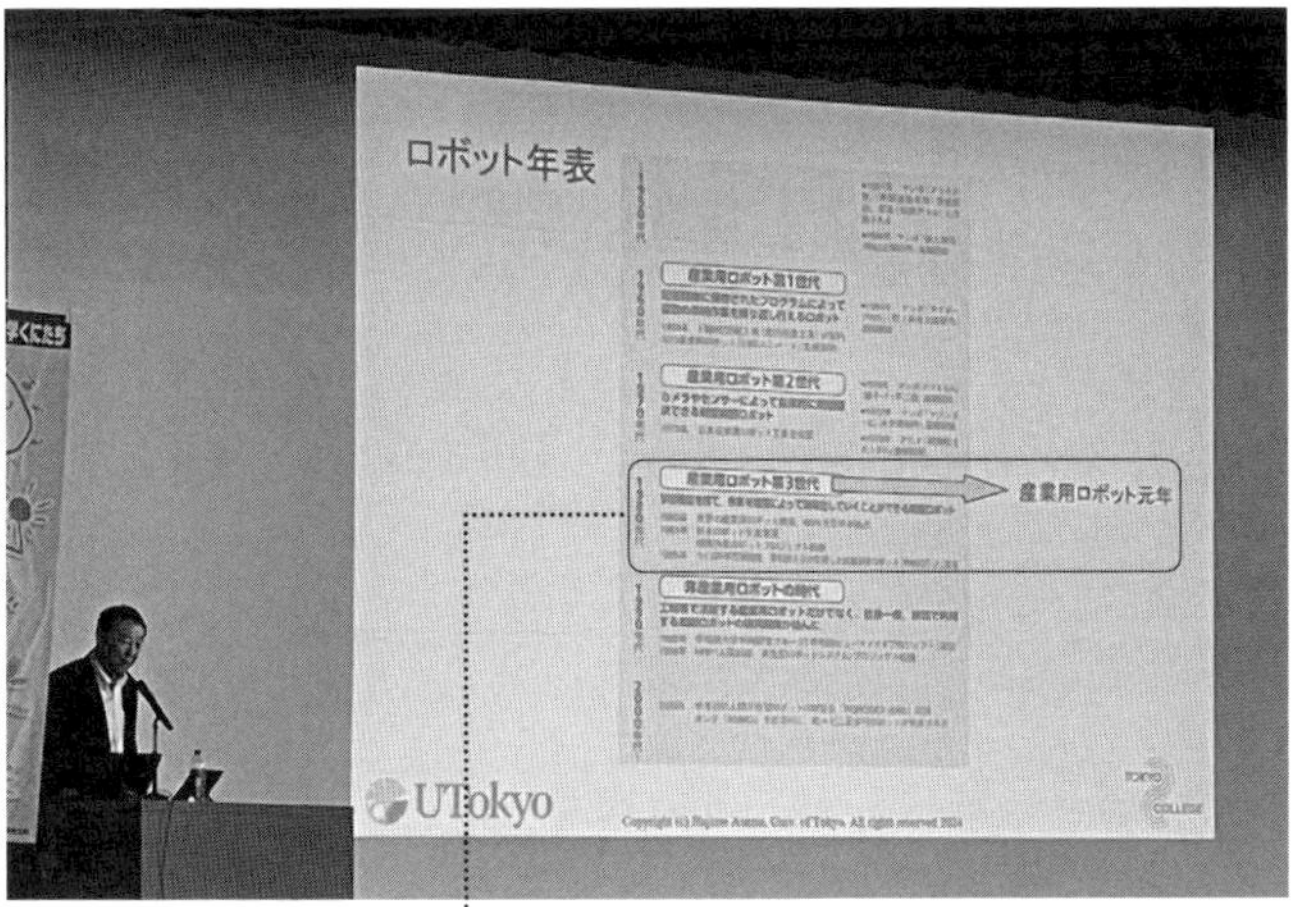

産業用ロボット第３世代➡産業用ロボット元年

学習機能《きのう》を得《え》て、作業を経験《けいけん》によって効率化《こうりつか》していくことができる知能《ちのう》ロボット

1980年　世界の産業用ロボット市場、60%を日本が独占《どくせん》

1983年　日本ロボット学会発足／極限《きょくげん》作業ロボットプロジェクト始動

1985年　つくば科学万博開催《かいさい》　早稲田《わせだ》大学が開発した楽器演奏《えんそう》ロボット『WABOT-2《ワボット》』登場

見たことがあるかもしれませんが。「人（間）型《がた》ロボット」「ヒューマノイドロボット」と言われています。日本では、このヒューマノイドロボットの開発が以前から非常《ひじょう》にさかんに行われてきました。

この写真（左ページの写真）は、この後お話しになる白井克彦先生（白井先生は早稲田《わせだ》大学の元総長《そうちょう》でいらっしゃいます）の早稲田大学で開発された「WABOT（ワボット）」です。これは、ヒューマノイドロボットのいちばん最初の走りだったんです。その後ホンダがASIMO（アシモ）を開発しました。それから、ソニーもQRIO（キューリオ）というロボットを開発。産総研《さんそうけん》（産業技術総合研究所《ぎじゅつそうごう》）でも、人型ロボットを開発しています。（会場にロボットが踊《おど》っている動画を見せながら）ちょっと人間の踊《おど》りよりもぎこちないですけれども、こんなロボットは、ロボットでいちばん進んでいる技術《ぎじゅつ》を見せてくれています。それではここで、アメリカのボストンダイナミクス（Boston Dynamics）という会社が開発しているロボットを紹《しょう》介《かい》しましょう。

これ（画面に動画を投影《とうえい》しながら）は、「アトラス」というヒューマノイドロボッ

1973年に完成した「WABOT《ワボット》」。世界初の本格的《ほんかくてき》な人間型《がた》ロボットで、白井克彦《しらいかつひこ》先生が開発メンバーのひとりだ。 提供：早稲田大学

ト。ジャンプしましたよね、今。このロボットは非常《ひじょう》にアクロバティックな動きができます。あたかも人がなかに入っているかのような動きをしていますね。

ボストンダイナミクスは、人間型《がた》以外に四足歩行のロボットもいろいろ開発してきました。

これは「ビッグドッグ」という名前のロボットです（左ページ上）。

この黄色いロボット（左ページ下）は、これも四足歩行なんですが、最近はいろんなところで使われはじめました。

みなさんも見る機会がそのうちあるかもしれませんね。近年、建設現場《けんせつげんば》などでも使われています。これは「スポット」と呼《よ》ばれていて、四足歩行で階段《かいだん》を登ったり降《お》りたり、いろんな所へ行ってはいろんな物を運んだり、作業したりすることができるロボットです。

近年注目されるロボットいろいろ

①手術用《しゅじゅつよう》ロボット

ボストン・ダイナミクス社が開発した四足歩行のロボット。左が「ビッグドッグ」。下の「スポット」は、ジャンプもできる。

今、話題のロボットには、どんなものがあるでしょうか。

非常《ひじょう》に多く使われているのが「手術用《しゅじゅつよう》ロボット」です。手術において人間よりも正確《せいかく》に、細かい作業ができるのが、このロボットの特徴《とくちょう》です。

お腹《なか》のなかの手術をするときに、たとえばお腹のなかで切ったり、縫《ぬ》ったり、癌《がん》の細胞《さいぼう》を取ったりする作業を、人ではなく、ロボットがしていくのです（人は遠隔《えんかく》からこのロボットを操作《そうさ》している）。今は、このロボットによる手術というのが非《ひ》常《じょう》によく行われています。

②自動倉庫ロボット

みなさんやみなさんのうちの人は、「アマゾン」を使ったことはありますか？　アマゾンではいろんな買い物ができますね。実は、その倉庫で、お客さんが注文したものをもってきて仕分けたり、それを梱包《こんぽう》して送ったりしているのが、「自動倉庫ロボット」です。アマゾンの巨大《きょだい》な各倉庫では、現在《げんざい》約３０００台のロボットが動いています。

③自動運転

今まさに流行《はや》り始めているのが、自動運転です。これまで車というのは、人が自分で運転していたわけですが、最近は、運転しなくていい。勝手に車が運転してくれるという、そういう時代になってきました。

この写真のドライバーを見るとわかりますが、手はハンドルを握《にぎ》っていないですよね。ハンドルの下に手を下ろしているのですが、車が勝手にハンドルを切ったり、ブレーキやアクセルを踏《ふ》んだりして、高速道路みたいな所でも何も問題なく運転ができています。

倉庫で働くロボットの数が約3000台と聞いて、会場からどよめきが。

実は、これもロボット技術《ぎじゅつ》なんです。センサ（↓P92）を使って目的地まで行くようにアクセル、ブレーキやハンドルを制御《せいぎょ》（↓P93）しているのです。

④ドローンによるショー

近年もうひとつ、とくに進んできた技術にドローンがあります。「ドローン」というのは、みんなもよく知っているでしょ。飛行物体ですが、2025年の大阪・関西万博では「空飛ぶクルマ」が現実《げんじつ》になりそうです。

プロペラがついているドローンもあれば、翼《つばさ》で飛ぶドローンもありますが、ドローンの技術として最近、話題になっているのが、平昌《ピョンチャン》オリンピック（2018年）のときに披露《ひろう》されたドローンのショー（Dron Show）です。

たくさんのドローンを操作《そうさ》して、ドローンにより空に絵を描《か》かせるという技術です。1機1機のドローンが光を出して空に絵が浮《う》かび出る。そのシステムが、ロボットということになります。

「空飛ぶクルマ」が実用化されたときのイメージ画像《がぞう》。

⑤ネコ型配膳《がたはいぜん》ロボ

これはみなさんもきっと見たことがあると思います。ファミリーレストランなどに行くと、食べ物をみなさんのテーブルまでもってきてくれる、配膳してくれるロボットです。まあ、かわいらしいですよね。

内緒《ないしょ》で教えますね。これは、ねえ。残念ながら日本製《せい》ではなく中国製とのことです。近年、中国のロボット技術《ぎじゅつ》はかなり進んでいます。

⑥パロ

これはどうですか？　これはパロ(Paro)というアザラシ型ロボットです。何をして

「ネコ型配膳《がたはいぜん》ロボ」の説明には、会場前方の子ども席から「知ってる！」の声。

いるのでしょうか。そう、癒《いや》しているようです。これは、最近は病院や介護施設《かいごしせつ》にも入っている、メンタルセラピーをしてくれるロボットです。

⑦オリヒメ

これは、「オリヒメ（OriHime）」というアバターロボットで、カフェやレストランで使われているもの。実は遠隔操作《えんかくそうさ》のロボットなんです。だれかが操作しているんですよ。だれが操作しているかというと、実は身体障害者《しんたいしょうがいしゃ》の人たちなどです。いろんな病気や怪我《けが》で体を動かせない人が、自宅《じたく》や病院から、このロボットに信号を送って操作。あたかも患者《かんじゃ》さんがそのカフェで働いているようにできるというのです。

（会場から「オリヒメカフェ！」の声）

よくご存知《ぞんじ》ですね。これは、「OriHime Cafe」と呼《よ》ばれています。

⑧宇宙《うちゅう》ロボット

あとは、宇宙ロボットの開発が今、非常《ひじょう》に活発になっています。

これは、先日ニュースになりました、「SLIM（スリム）」という日本の小型衛星《こがたえいせい》が月に着陸したときの写真です。このとき、2台のロボットをバーンと放出しています。右にLEV-1《レブワン》、LEV-2《レヴツー》と書かれていますが、これはおもちゃみたいな、こんな小さいロボットです（両手でサッカーボールをもつような仕草）。

（会場の男の子：タカラトミーに売ってる！）

そうなんですね！　元はタカラトミーがつくったロボットなんです、よく知ってますね。驚《おどろ》きました。

これはもちろん宇宙用に改造《かいぞう》されているので市販《しはん》のおもちゃとは違《ちが》いますが、パカっとわかれて変形して、それで歩くんですね。

（男の子：新聞に載《の》ってた〜）

よく知ってるね。あなたは将来《しょうらい》、ロボット博士《はかせ》かな？

（会場、笑い）

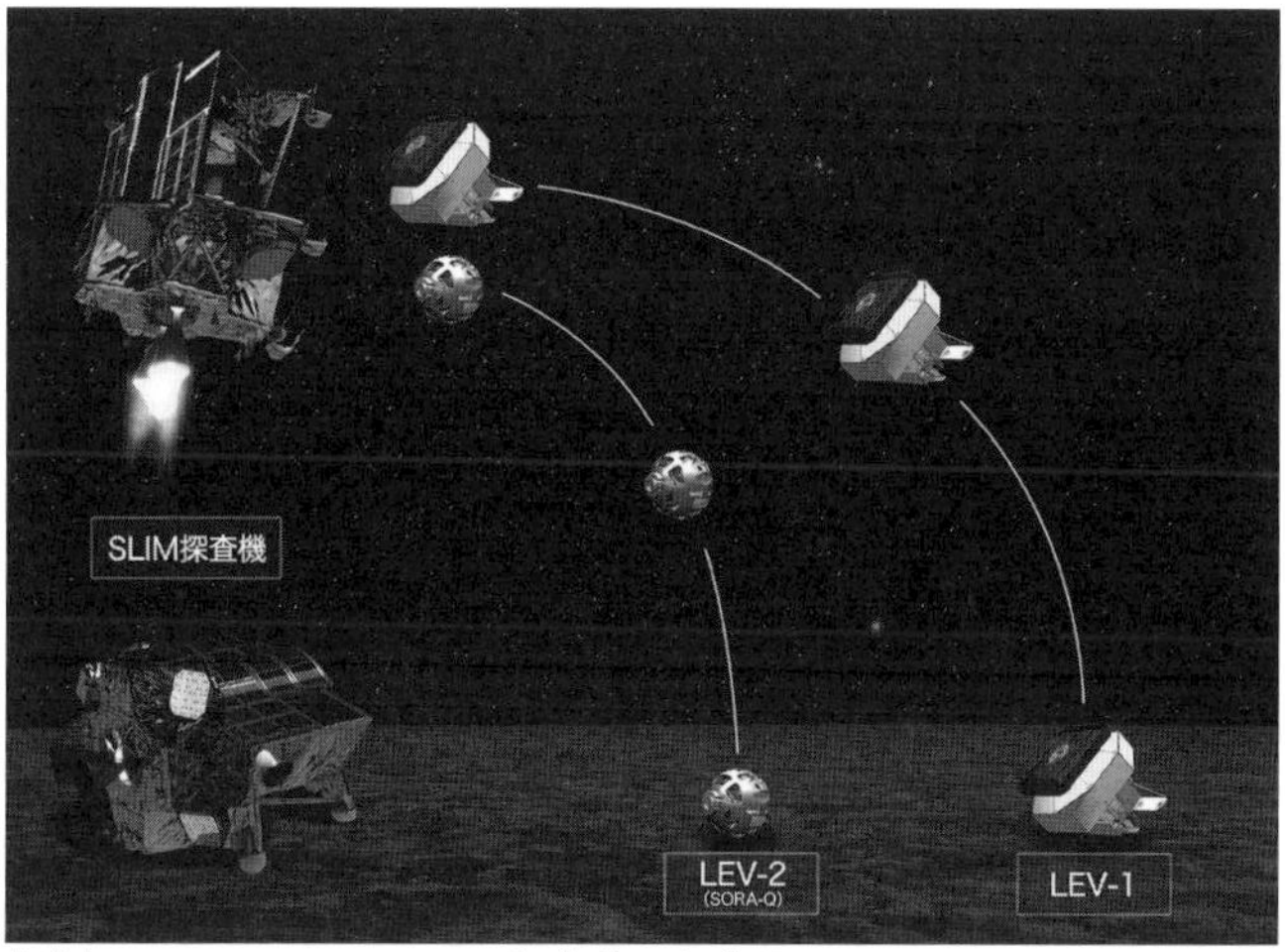

SLIM《スリム》から月面に放出されたLEV-1《レヴワン》とLEV-2《レヴツー》。

©JAXA／タカラトミー／ソニーグループ（株）／同志社大学

LEV-2《レヴツー》が撮影《さつえい》した月面の映像《えいぞう》。

©JAXA／タカラトミー／ソニーグループ（株）／同志社大学

■日本ロボット大賞《たいしょう》

それではここで、2006年から2年に一度開催《かいさい》される「日本ロボット大賞」*について紹介《しょうかい》しましょう。世界からエントリーされてきたロボットを審査《しんさ》して、素晴《すば》らしいロボットに賞《しょう》をあげましょう、というイベントです。今日はざっとしか紹介できませんが、どんなロボットがこれまでの賞に輝《かがや》いたかだけを見ていただきます。

第7回に入賞《にゅうしょう》したロボットには、ロボット用の新型デバイスや、農業用ロボット、介護《かいごよう》用ロボット。高齢《こうれい》の人を助けるロボットなどがありました。第8回には、災害《さいがい》時《じ》に飛んで調査するドローンや、歩くのを支援《しえん》するロボットが入賞。また、産業用ロボット、建設用《けんせつよう》ロボットなどもありました。第9回以降《いこう》も、さらにペットロボット、警備《けいび》ロボットなど、多くのロボットが受賞しました。

現在《げんざい》も、2024年第11回の審査《しんさ》が進行中です。

■無人化施工技術《せこうぎじゅつ》とは

それでは次に、「無人化施工技術」と呼《よ》ばれるものについてお話ししましょう。

＊日本ロボット大賞：ロボット技術《ぎじゅつ》の開発と事業化を促《うなが》し、社会に役立つロボットに対する認知度《にんちど》を高め、ロボットの需要《じゅよう》を呼《よ》び起こすことを目的とする。

笑顔で子どもたちに語る浅間《あさま》先生。

会場には、子ども、大人あわせて200名以上が集まった。

これは、ショベルカーとかダンプトラックを遠隔《えんかく》から操作《そうさ》するという技術《ぎじゅつ》のこと。昔は、火山が噴火《ふんか》したとき、非常《ひじょう》に危《あぶ》ないところまで土木工事をしなくてはなりませんでした。しかし、人が建設《けんせつ》機械に乗って作業すると、土砂崩《どしゃくず》れが起きた際《さい》、その人たちが危険《きけん》にさらされてしまうので、人が建設機械に乗らないで遠隔で操作する、という技術が開発されました。この建設機械には人が搭乗《とうじょう》していません。

私《わたし》が取り組んできたのは、福島第一原子力発電所の廃炉《はいろ》（→P190）という非常に難《むずか》しい作業です。2011年に東日本大震災《だいしんさい》（→P190）が起きた際、原発の核物質《かくぶっしつ》が溶けてしまって、それを今取り除《のぞ》こうとしているのです。でも非常に放射線《ほうしゃせん》の量が高くて、人は近寄《ちかよ》れません。危ない状況《じょうきょう》のなかで、ロボットを使って、溶けた燃料《ねんりょう》を取り出す作業をしようとしているのです。

あまり報道《ほうどう》されていないことですが、廃炉計画では、50種類以上のロボットが使われていて、調査《ちょうさ》をしたりサンプルを取ってきたり、「除染《じょせん》」という、洗《あら》ったり流したりなど、いろんな作業をしています。

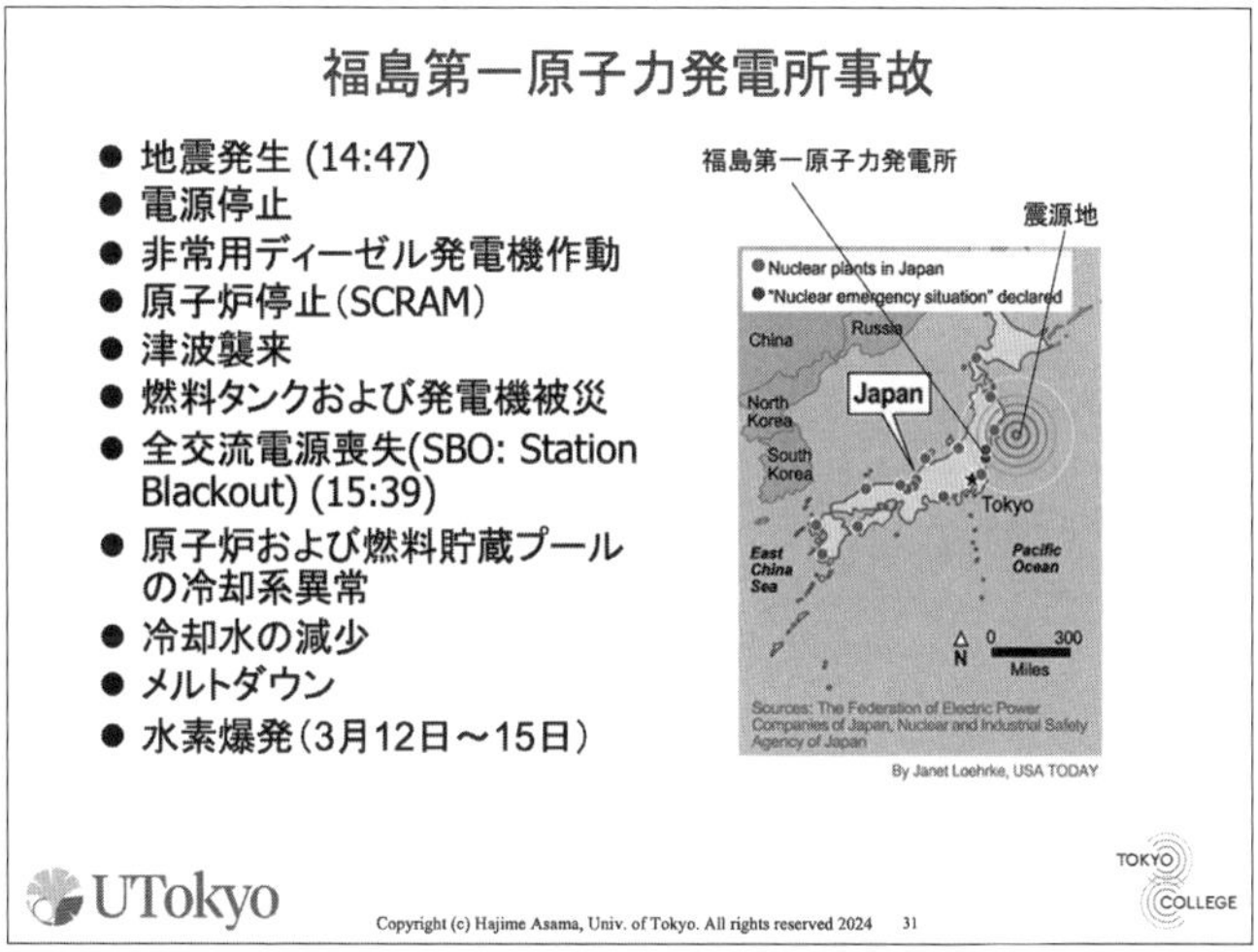

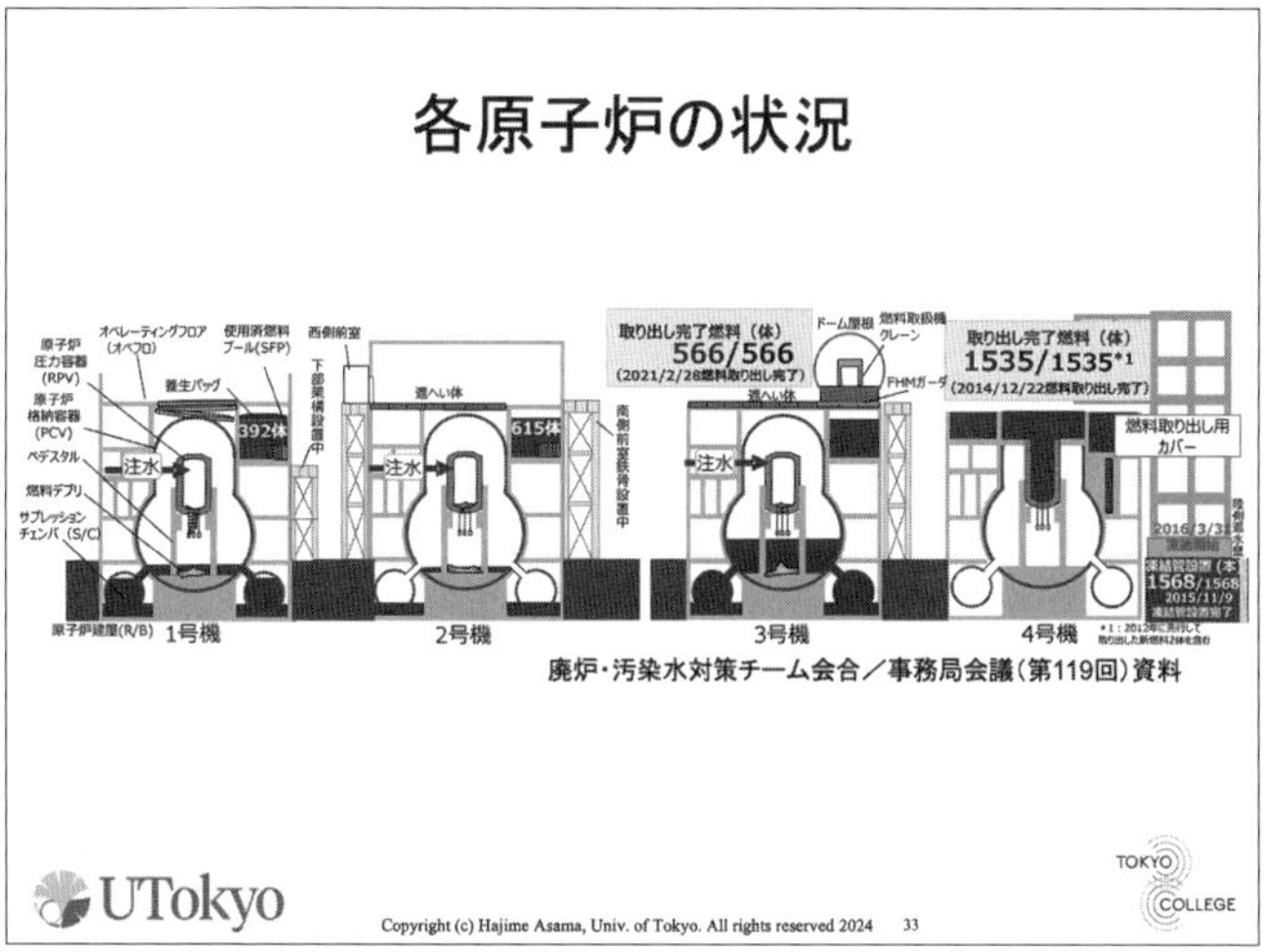

淺間《あさま》先生が福島第一原発での事故について説明するのに使用した資料。世界的にも例を見ない重大事故で、廃炉処理《はいろしょり》にたくさんのロボットが使われることになった。

■自律《じりつ》分散型《がた》ロボットシステムの研究・開発

私《わたし》が長い間取り組んできたロボットは、人間型《がた》ロボットではなくて、アリみたいなロボットシステムです。

「たくさんのロボットが協調して作業する」というのが、私の研究開発のコンセプトなのです。それは、ひと言でいうと「1台1台のロボットはそんなに賢《かしこ》くないが、集まるといろんなたくさんの難《むずか》しいことができる」というロボットです。「自律分散型ロボットシステム」と呼《よ》んでいます。

「自律分散型ロボットシステム」についてもう少し説明します。

たとえば、2台のロボットが助け合って、1台では登れない段差《だんさ》を乗り越《こ》えます。3台のロボットで多数の荷物を押《お》す作業を、ロボットどうしが勝手に分担《ぶんたん》を決めてやることができます。重たい荷物であれば2台が協調して押して片《かた》づけるなど、そういうことができるのです。ひと言でいうと、コミュニケーションによって協調できるロボットたちで、それが、自律分散型ロボットシステム。

また、これ（左ページ）は、お互《たが》いに邪魔《じゃま》しない、相互《そうご》に衝突回避《しょうとつかいひ》ができる「自律分散型ロボットシステム」。電子フェロモンにより、情報《じょうほう》共有ができるシステムも開発しました。実はアリは、フェロモンという物質《ぶっしつ》を使って、どこにエサがあるか、といった情報を共有しています。そういうことを、ロボットは通信と、小さいスイカ（Ｓｕｉｃａ）カードのようなデバイスを使ってやっているのです。

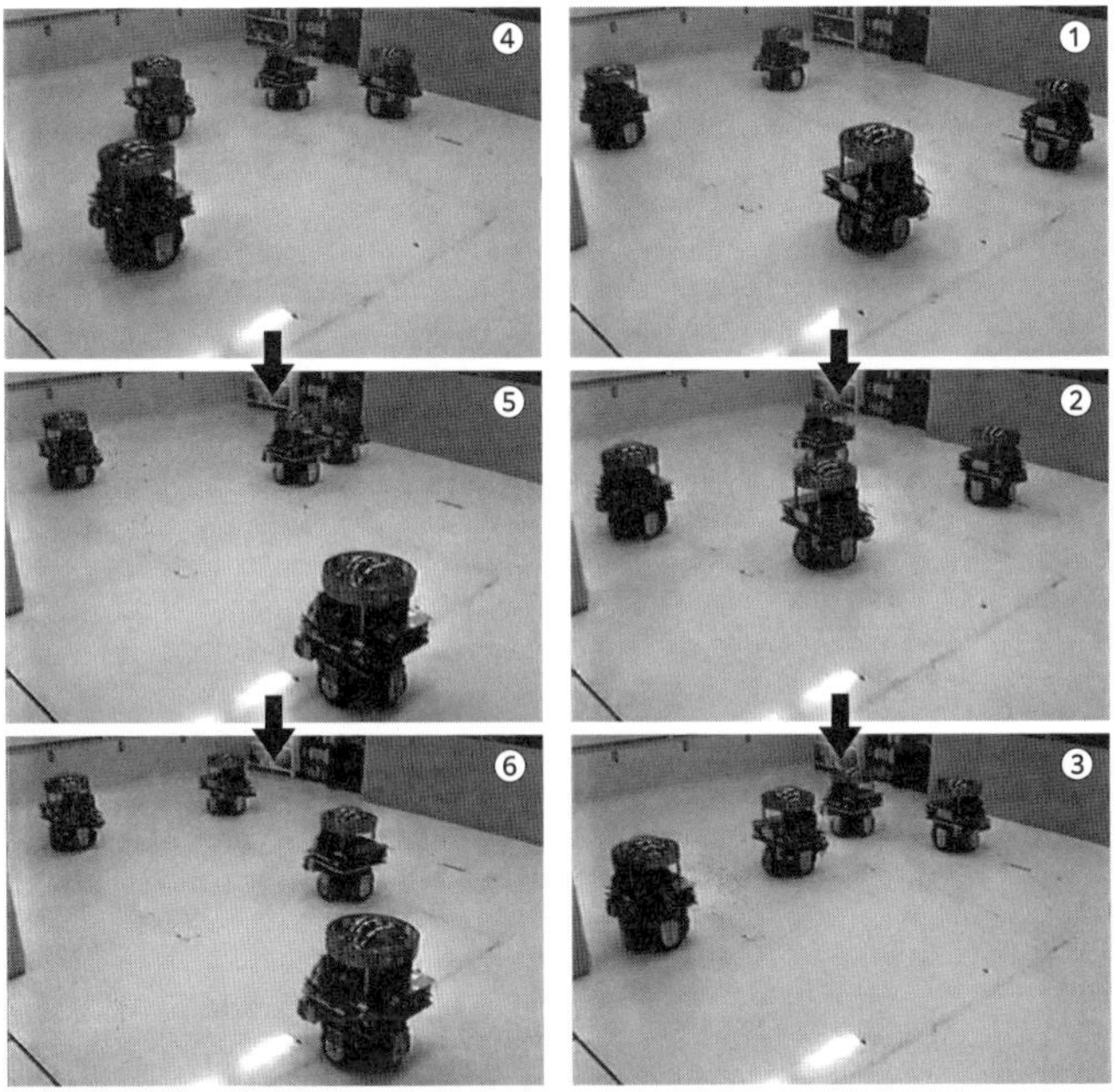

複数《ふくすう》のロボットが互《たが》いの邪魔《じゃま》をしないよう動き回る。

■ロボットの競技会《きょうぎかい》

ここで、ロボットの競技会について紹介《しょうかい》しましょう。

①ロボカップ

この競技会は、複数《ふくすう》のロボットがサッカーをする競技会です。

（ずっと喋《しゃべ》っている男の子：ヒューマノイドリーグだよね）

そうです、ヒューマノイドリーグです。きみはなんでもよく知っているんだね。

ロボットの競技会というのは、他にもいろいろと行われています。たとえばアメリカのダーパ（DARPA）というところが、福島の原発事故以降《じこいこう》、こういうロボットが必要だろうということで競技会を始めました。「ダーパ　ロボティクス　チャレンジ（DARPA Robotics Challenge）」です。

この競技会は、あらかじめ決められたコースにあるタスク（課題）を、ロボットが人の助けを借りずにクリアできるかどうかを競うものです。２０１５年のタスクは次のようなものでした。

①ロボットは自分で車を運転して車から降《お》りる。②移《い》動《どう》して、ドアを開けて入っていく。③バルブを回す。④電動ノコギリをもって穴《あな》を開ける。⑤プラグを抜《ぬ》いて差し替《か》える。⑥最後は、瓦礫《がれき》を通り抜けて、階段《かいだん》を登り切れたらゴール。

たとえば⑤では、ロボットが自身のカメラで「どこにプラグがあるかな」というのを見ているのですが、これはかなり難《むずか》しい作業です。無事にプラグを抜いても、差すのがさらに難しいんです。ですから、失敗の例もいっぱいあります。

（スクリーンに動画を上映《じょうえい》。多くのロボットがフラーっと倒《たお》れてしまう姿《すがた》に、笑いが起こった）

はい、このようにロボットを動かすのは、とっても難しいということをおわかりいただいたと思います。

さあ、今日は、いろいろロボットの説明をさせていただきました。そのロボットでも人工知能《ちのう》・AI《エーアイ》は流行《はや》っていて、現在《げんざい》、どんどん進化しています。だから、ロボットもさらに賢《かしこ》くなって、いろんなことができるようになってきていますが、最後に、「ロボット3原則《げんそく》」という話をして、本日の私《わたし》の話は終わりたいと思います。

■ロボット3原則《げんそく》とは

ロボットはですね、実は、SF《エスエフ》やアニメが先行して、そのイメージで開発も進んできました。SF作家のアイザック・アシモフという人が、「ロボット3原則」というものを言いだしたのです。それは次の通り。

第一条《じょう》：ロボットは人間に危害《きがい》を加えてはならない。また、その危険《きけん》を看過《かんか》することによって、人間に危害を及《およ》ぼしてはならない。

第二条：ロボットは人間にあたえられた命令に服従《ふくじゅう》しなければならない。ただし、あたえられた命令が、第一条に反する場合は、このかぎりではない。

第三条：ロボットは前掲《ぜんけい》第一条および第二条に反するおそれのないかぎり、自己《じこ》を守らなければならない。

これらは、ちょっと難《むずか》しいですけれど、ロボットは、人を傷《きず》つけてはいけない、そして、人の言うことを聞かないといけない、そのうえで自分を守らなければいけないということを言っているのです。

この3原則は、非常《ひじょう》に重要なことを言っているのですが、実は、現実《げんじつ》にはそのような機能《きのう》はまだ十分実現《じつげん》できていません。はい、どうもご清聴《せいちょう》ありがとうございました。

(会場から大きな拍手《はくしゅ》)

司会：ありがとうございました。浅間先生、ここでひとりだけ、会場から質問《しつもん》を受けたいと思います。よろしいでしょうか。代表で先生に何か質問したいことがあったら、手をあげてくれる？（何人もの子どもが挙手）

あ、いちばん早くパッと手があがった

ロボット3原則《げんそく》を紹介《しょうかい》する浅間《あさま》先生。

ね。さっきからずっと喋《しゃべ》ってくれていた人だね。（会場笑い）
はい、じゃあ彼《かれ》にマイクを渡《わた》してください。
男の子：えっと〜。ロボットが、さっきめっちゃ倒《たお》れてたけど、あれってさ、たとえばキャタピラで解消《かいしょう》できないの？
浅間：あなたの質問は、倒れないようにできないのってことですか？（子どもがうなずく）
あ〜それはね。ロボットは決まったことだけを、整えられた環境《かんきょう》のなかでやることはできるんだけど、ちょっとでも経験《けいけん》したことのない、複雑《ふくざつ》な環境のなかになると、キャタピラロボットでもうまく動けなくなっちゃうんです。たとえば、平らなところなら、うまく動けるようにプログラムをつくっておいても、行ってみたら、ちょっとでこぼこがあったとなると、ファ〜っと倒れちゃったりする。人間はそこは賢《かしこ》くて、でこぼこがあるなっていうのをわかって、そこに馴染《なじ》むような体の動かし方をするんですね。だから倒れない。
男子：機械学習ってこと？

浅間：そうです。
男子：あの、たとえばですが、何か、どうすればいいのかっていうのを、計算プログラムっていうか、そういうのを入れたらいいのでは？
浅間：おっしゃる通り！
司会：もっと多くの人からも質問《しつもん》をもらいたかったのですが、ごめんね。
　浅間先生に大きな拍手《はくしゅ》をお願いします。
（浅間先生退席《たいせき》して、観客席につく）

浅間《あさま》先生に質問《しつもん》をしたのは、最前列の男の子。

授業《じゅぎょう》に引きこまれる子どもたち。

②白井《しらい》克彦《かつひこ》先生「人工知脳《ちのう》・ＡＩ《エーアイ》とは何か？」

■国立《くにたち》学園の思い出

司会：本日の「子ども大学」の2時間目は、早稲田《わせだ》大学第15代総長《そうちょう》・白井克彦先生の人工知脳・ＡＩのお話です。早稲田大学は、初代総長が大隈重信《おおくましげのぶ》先生。明治時代のことです。それから数えて現《げん》総長は、17代目。たった17人しかいないんです。総理《そうり》大臣と比《くら》べると、現総理大臣が１０１代目ですから、第15代総長と聞くと、僕《ぼく》は、すごいなぁと、ただただ驚愕《きょうがく》。しかも白井先生は、日本初の人型《ひとがた》ロボットの開発をしていらっしゃった方です。今日は、早稲田大学の総長時代のことなども含《ふく》めて、先生の子どもの頃《ころ》のお話など、ほかでは聞けないお話などをしてくださると思います。でも、当の白井先生はとっても気さくなお人柄《ひとがら》ですよ。さっそくご登場いただきましょう。

（拍手《はくしゅ》）

早稲田《わせだ》大学・総長《そうちょう》時代の白井《しらい》先生（2008年）。

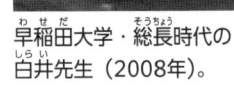

白井：みなさまこんにちは、今紹介《しょうかい》してもらいました白井と申します。

私《わたし》はこの国立《くにたち》学園小学校で勉強させてもらいました。実は4年生の頃《ころ》に、たまたま国立に引っ越《こ》してきたのです、戦争が終わってすぐでしたが、日本中がたいへんななか、私は、学校で楽しく、明るく過《す》ごしており、深い思い出があります。

今回は、国立学園の子もいると思います。みなさんの前でこうしてお話しできるのは、たいへんうれしい気持ちでいっぱいです。私の4年生は、1949年でした。第二次世界大戦が終わったのが1945年の8月ですから、そのすぐ後。ずいぶん古い話ですね。少し聞いてくださいますか。

その頃の国立学園は、どんなところだったのかというと、もちろんこの講堂《こうどう》はございません。ちっぽけな校舎《こうしゃ》があって、そのなかでみんなが勉強していました。クラスは1学年に1クラスずつありました。

私にとって最も印象《いんしょう》深い先生は、最後6年生で習った、本間一咲《ほんまいっさく》先生でした。本当に素晴《すば》らしい先生で、たとえば、私たちにいろいろな問題を出して、みんなが答えを書いて先生のところにもって行く。本間先生は、ちゃんとできていると、赤で旗印《はたじるし》を書いてくれるんですよね。くるくるっと旗を書いてくれる。その旗をもらうことが、みんなの励《はげ》みでした。旗が10個《こ》集まるとね、ご褒美《ほうび》をくれたんです。それは、自分の注文にしたがって先生が描《か》く絵なんです。たとえば、ダルマを描いてほしいと言うと「よかった、簡単《かんたん》で」と言いながら、先生は大きなダルマを描いてくださいました。私は今でもいくつかもっていますよ。これが、私の国立学園でのいちばんの思い出でした。

私の家は、国立の東の方でした。当時は、一橋《ひとつばし》大学の校内をずっと横切って、最後に一橋の西側の門を出ます。今ではそうしたことはできないようですね。私は友だちといっしょに、そのあたりで落ち葉を集めて学園にもって行きました。そして、みんなで焚《た》き火をやって焼き芋《いも》をして、食べてましたね。焚き火をやって焼き芋ができるまでは結構《けっこう》時間がかかるのに、授業《じゅぎょう》の前にそんなことをやっていました。

■中学校は今の国立一中

私は、国立学園を卒業後、中学校は、国立中学（現在《げんざい》の国立市立第一中学校）に行きました。当時、国立《くにたち》学園からは、*慶應《けいおう》に行く子と*桐朋《とうほう》に行く子とが多くいましたが、私《わたし》は、公立の中学がどういうものかと思っていて、友だち何人かといっしょに行ったのです。

私の中学から大学の頃《ころ》は、国立は水はけが悪くて、大雨が降《ふ》ると水に浸《つ》かっちゃいました。それを止めるために、大型《おおがた》の土管を地中に埋《う》めて多摩川《たまがわ》に水を流そうとしていたようです。その工事を、私の中学校の横のところでもやっていたんですね。ある日私は夜、真の闇《やみ》のなか、友だちとふたりで、大声で歌を歌いながら歩いていたら、一瞬《いっしゅん》、宙《ちゅう》に浮《う》いて、その工事の大きな穴のなかに落っこちてしまいました。あんまり怪我《けが》はしなかったのですが、これほど驚《おどろ》いたことはありませんでした。そんな思い出もありました。

さっき浅間先生の授業を聞いていたら、ロボットに相当詳《くわ》しい人もいましたね。今の時代って、そういう時代なのだと、あらためてびっくりでした。では、私はと言うと、ラジオ少年だったのです。ラジオをつくる他、電気とか機械をいじるのが大好きでした。

＊慶應《けいおう》：私立《しりつ》慶應義塾《ぎじゅく》中等部。東京都港区。
＊桐朋《とうほう》：私立《しりつ》桐朋中学校。国立《くにたち》市にあり、国立学園小学校から近い。

国立《くにたち》学園小学校での思い出を語る白井《しらい》先生。

白井《しらい》先生が卒業されてしばらくした、1961（昭和16）年頃《ごろ》の国《くに》立《たち》学園小学校。

水はけが悪く、水びたしになった国《くに》立《たち》市内の大通り。

所蔵：くにたち郷土文化館

一方、こんなことも覚えています。当時、毎月生徒会で10円ずつ集めることがありました。私《わたし》はその10円を集める係だったんです。すると10円をもってこない子がある。「10円くらい」と思っていましたが、その10円を出せないという家の子もいることを知り、世のなかというのは、こういうものなのかなぁと、少しわかった気がしました（後に、高校時代、友人と夏の課題として国立《くにたち》の歴史《れきし》をひと通り調べました。なかなか興味《きょうみ》深かったです）。そんなことがあったからでしょうか。生徒会とかいろいろやりました。

戦後ある一定の時期、公立の中学校、小学校が一斉《いっせい》に民主教育というのかな、戦前の教育と全く違《ちが》った教育をしたわけです。その教育で育ったのが我々《われわれ》ということなんですが、当時は、戦前とは違うタイプの「新しい教育」が育っていく環境《かんきょう》のなか、子どもも先生も戸惑《とまど》っていました。難《むずか》しいですね、教育っていうのは。

それでも中学時代は、楽しいこともたくさん経験《けいけん》できました。そのなかでいちばん印象《いんしょう》に残っているのが、子どもたちだけでやった「影絵劇《かげえげき》」でした。人形から、影絵を投影《とうえい》する装置《そうち》まで全部自分たちで手づくり。幼稚園《ようちえん》に行って、園児たちに見せてあげたり、中学校の講堂《こうどう》で大勢《おおぜい》の人に見せたり。映画館なんて、まだほとんどなかった時代ですから、手づくりの人形劇のようなかんたんなものでも、ものすごく人が集まりましたよ。

非常《ひじょう》に抽象的《ちゅうしょうてき》ですが、「我々は大人になっても勉強し続けなければいけない」とか、「仲間を大切にしなければいけない」などという思いを、国立中学の教育からもらいました。卒業後も、何か団体《だんたい》の活動を続けようと考えました。お金もかからないし、手間もかからないということで、合唱をやったんですね。これが、今でも続いている「国立ときわ会」という合唱団《だん》です。今70年を経過《けいか》していますが、東京の三多摩《さんたま》では代表的な合唱団として頑張《がんば》っています。

■早稲田《わせだ》大学で電気工学を学ぶ

横道にそれてすみません。その後、私は早稲田大学に入学。大学では電気工学というのをやりました。通信技術《ぎじゅつ》が発達してきた時代です。浅間さんが先ほど写真を見せてくださった「WABOT（ワボット）」という2足歩行のロボットは、加藤一郎《かとういちろう》先生という、後に世界でも「ロボットの父」と呼《よ》ばれた人の指導《しどう》の下でつくりました。このロボットが、当時非常《ひじょう》に有名になりました。でも、WABOT《ワボット》は、早稲田《わせだ》(WASEDA《わせだ》)のWをつけたロボットの略《りゃく》であることは、意外と知られていません。

浅間先生がお話しくださいましたが、ロボットには、人の形をしたロボットと、もう一方で産業用ロボットがあります。人間型《がた》ロボットの研究は、人間のように多様な機能《きのう》を実現《じつげん》しようとするものです。とまぁ、ロボットの話をしようと思っていたのですが、浅間先生が先にしちゃったので、私《わたし》は触《ふ》れないことにしたいと思います。

(会場から笑い)

早稲田大学で電気工学を学んだ私が卒業するときに思ったことは、当時の日本には高い技術《ぎじゅつ》があったこと。だから、戦争で徹底的《てっていてき》に壊滅的《かいめつてき》に負けましたが、日本はその「技術」で非常《ひじょう》に早く復興《ふっこう》が進んでいたこと、さらに、技術は「人」がもっていて、それに大きい意味があるということでした。

日本は、技術力により、その後どんどん伸《の》びて行きました。そして高度成長期を経《へ》て、繁栄《はんえい》がもたらされました。

ただですね、私の4年間学んだ早稲田大学は、校舎《こうしゃ》なんて大部分は空襲で焼かれた後に木造《もくぞう》で建てたようなものでした。海外の大学の様子を書物などでいろいろ見て、それらと比《くら》べると、あまりに格差《かくさ》がありすぎて、これじゃあどうにもならんと思っていました。

早稲田大学の舵取《かじと》り

卒業後、もちろん「電気関係の技術者としてやっていこう」と思っていましたけれども、そうした大学の環境《かんきょう》では、次の人を育てるにしても難《むずか》しいと思ったものでした。先生にしても、全部が全部素晴《すば》らしいとも言い難《がた》い。やっぱり、戦争で人が失われたことの影響《えいきょう》は大きい。そんな状況《じょうきょう》を何とかしないと、日本の本当の力は出せないだろうと……。

そこで私は、早稲田大学の上の方の先生に言ったのです。「大学を何とかしなきゃまずいんじゃないですか。僕《ぼく》は大学に残って、何かそういう努力をしてみたい」。

すると「今は大学が復興《ふっこう》するときだから、理工系《けい》を勉強する人材が必要だから、やってみたらいいんじゃない」というふうなことを言ってくれました。

これが、私《わたし》が研究者となった経緯《けいい》です。

その後、私は大学で研究者としてやってきましたけど、早稲田《わせだ》にかぎらず日本の大学をどういうふうにするかということにも、大きな時間とエネルギーを使いました。

それが私の前の総長《そうちょう》（14代総長）のお手伝いから始まって自身の総長時代まで数えると私自身、早稲田大学全体の舵取《かじと》りをした期間は20年以上になります。

その頃《ころ》は、世界中の大学が変化する時代を迎《むか》えていました。私が早稲田大学に進学したときは、日本の大学進学者は、20パーセントくらい。どこの国でも大学教育を受ける人は20〜30パーセントでした。ところが、その後、大学に行く人がどんどん増《ふ》え、大体50パーセントくらいにまでなりました。「大学の大衆化《たいしゅうか》」です。

大学は大衆化とともに何が起こったかと言うと、「グローバル化」が猛烈《もうれつ》に起こってきたのです。これは世界的な傾向《けいこう》で、日本の大学もそうしていかなくちゃいけない時代に突入《とつにゅう》しました。私たちも、早稲田大学が世界の大学といっしょにやっていくんだということを徹底的《てっていてき》に進めました。

その結果、早稲田大学は、日本で海外に留学《りゅうがく》する学生がいちばん多い大学となり、外から受け入れる留学生の数も非常《ひじょう》に大きい大学になりました。現在《げんざい》は、学生数は5万人くらいですが、だいたいその約3割《わり》が何かの形で海外に出て勉強しています。それは、学生が海外の大学で単位を取っても早稲田大学の単位になり、一方海外からの留学生《りゅうがくせい》も、早稲田大学で単位を取れば母国の大学の単位になるという制度《せいど》があるからです。これは今、世界のいろいろな大学間でおこなわれていますが、そういうことを、日本で初めてやったのが、私の総長時代でした。

■コンピュータ、即《すなわ》ち計算機

白井：ずいぶん長いこと話してしまいました。小学生から中学生時代の思い出から、大学の総長時代の話まで。稲葉《いなば》さん、もち時間は大丈夫《だいじょうぶ》でしょうか。

司会：先生が国立《くにたち》を懐《なつ》かしんでいらっしゃるご様子に、会場の年配の方もうなづきながら聞いていらっしゃいます。子どもたちも、1時間目の授業《じゅぎょう》を合計すると学校の授業時間よりもはるかに長い時間をちゃんと聞いてくれています。素晴《すば》らしい！　後の時間を調整しますので、あと10分程《ほど》で、今日の本題をお話しいただけますか。

白井：では、私《わたし》の研究の話を、あと5分くらいいたしましょう。

私の専門《せんもん》は、人と機械が会話をする、あるいは、人が話していることを機械が認《にん》識《しき》することです。今、私の研究してきたことが最近は当たり前のように使われています。携帯用《けいたいよう》のソフトにSiri《シリ》というのがありますが、これも、人が喋《しゃべ》ると自動的に認識されて機械に入力できる「音声認識」というものなのです。私は、そうした研究をずーっとしてきました。この分野では、日本は世界の中でも高いレベルにありました。

人間が話す音声を認識するというのは、結構難《けっこうむずか》しいことなんですよ。人間は、考えるにも言語をつかっているでしょ。言葉で考えていますよね。人類だけが、そうした複雑《ふくざつ》な言語をもっていると言われています。

簡単《かんたん》な言語、というか「通信」は、カラスなんかもやっています。また、典型的《てんけいてき》な例として、ミツバチの「収穫《しゅうかく》ダンス」があります。ミツバチが巣に戻《もど》ってきて、体の動きで、どのくらいどこに蜜《みつ》があるかを仲間のハチに知らせるということです。こうしたコミュニケーションというのは、どこにでもあるのですが、人類の言語は突出《とっしゅつ》したものです。複雑《ふくざつ》なことを考える道具にもなるし、人と人との意思疎通《そつう》、即《すなわ》ちコミュニケーションの道具でもあるのです。

となると、いろんな知識《ちしき》とか感情《かんじょう》とかが、すべて音声のなかに入り込《こ》んでいるということになります。だから音声認識というのは、非常《ひじょう》に難《むずか》しい技術《ぎじゅつ》だと言わざるを得《え》ないのです。

音声認識の技術というのは、今のＡＩ《エーアイ》の、いろいろなアルゴリズムの基本となっています。「アルゴリズム」とは「算法」とも言われますが、何かの問題の答えを出すために行う、一定の手続きとか、考え方のことです。難しいですね。要する

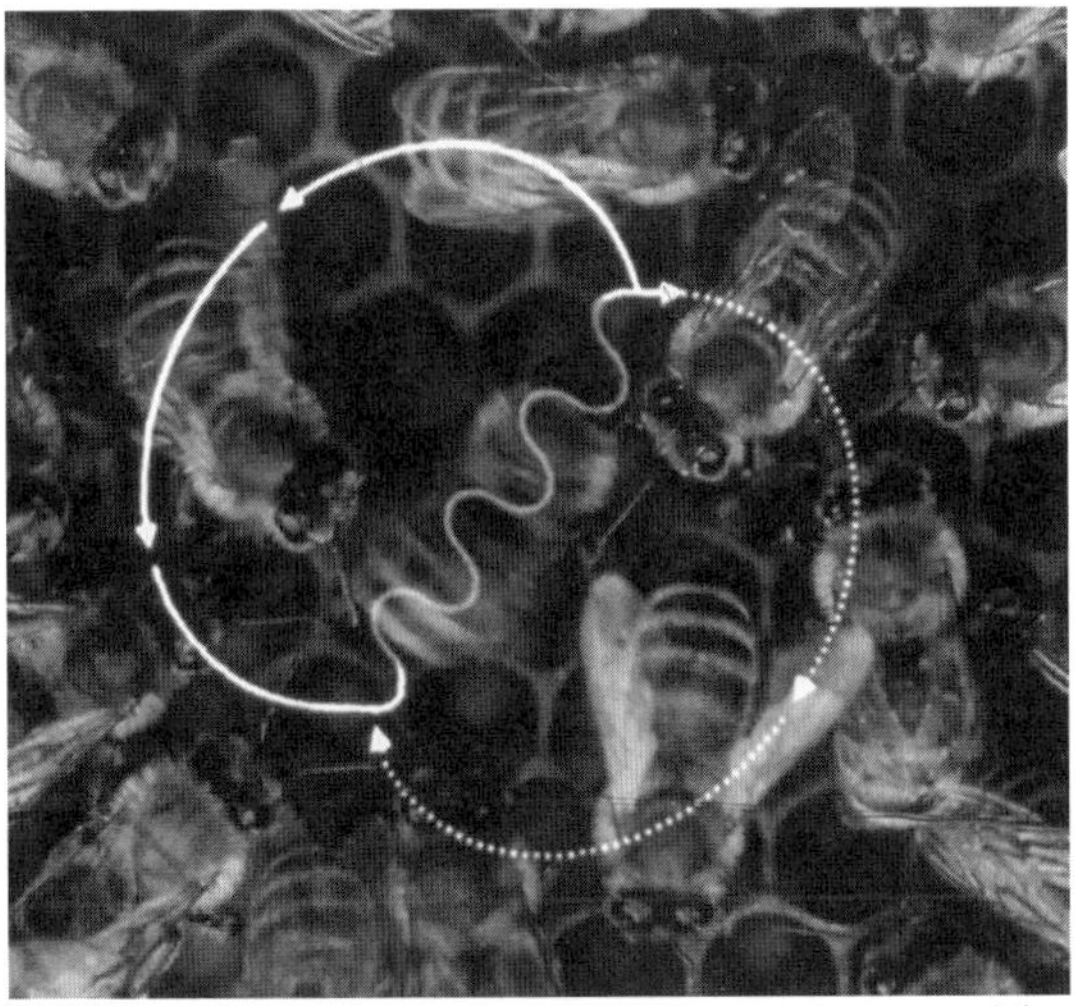

ミツバチは、蜜《みつ》がある方角や距離《きょり》などを、「8の字」を描《えが》くように動いて巣の仲間に知らせる。

に、自然界のあらゆる現象《げんしょう》をぜんぶコンパクトにまとめてね、「世界はこうだよ」ということを、計算機のなかに取り込《こ》んじゃうという技術《ぎじゅつ》が、AI《エーアイ》なんです。

■膨大《ぼうだい》なデータがないと計算はできない

白井：私《わたし》の研究・開発は、「機械学習」といって、これを自動的にやろうというものです。これにはまず、元々のデータがなければだめです。たとえば、ここにいらっしゃる全ての方が、1年間に喋《しゃべ》ったこと全部だとか、それほどの量のデータでもとても足らないという世界です。データは、音声でもいいし、文字化されたものでもいいのです。そのデータが、どんなことで、どのように使われているかを、学習のタネにしていくわけです。そしてそれを機械で学習する。それがAI《エーアイ》の方策《ほうさく》です。ただし、これにはものすごい計算の量が必要となります。今ここで詳《くわ》しく説明することはできないんだけれども、ともかく、そういうことが現実《げんじつ》に可能《かのう》になりつつあるのです。膨大《ぼうだい》なデータがないとどんなにすごいコンピュータでも、計算できません。それほど我々《われわれ》人間というのはすごいんだということなんですよ。我々人間ひとりの脳《のう》は、たったこれだけです（手で示《しめ》す）。それに比《くら》べると、人工知能《ちのう》として今動いている計算機は、膨大《ぼうだい》な電力を使って動いています。人間の能力が本当に優《すぐ》れているというのがわかりますね。

人間は、計算機に人間生活のあらゆるものをデータとして取り込《こ》んで、それを抽象的《ちゅうしょうてき》に学習してしまう手段《しゅだん》をもつようになったのです。AIです。そのAIが、急速に進歩しています。

それによってどういうことがこれから起こるんだろうかということを、今日、お話ししたいと思ったのですが、時間が来てしまったので、ちょっとだけ、こんなデモ映像《えいぞう》をご覧《らん》ください。

（映像：パソコンに映《うつ》し出されたアバターの女性《じょせい》と、彼女《かのじょ》と英語で会話する男性《だんせい》）

最後に白井《しらい》先生が見せてくれたのは、英語をスラスラ話す「アバター」。

今お見せしたなかに出てきた女性《じょせい》は、アバターなんですが、人間の学生と対話しています。これは実は早稲田《わせだ》大学でも使っている、学生の英会話の能力《のうりょく》を調べるための会話システムです。ともかく、こんなふうに機械が自然に会話できるようになっているのです。

司会：白井先生、本当にありがとうございました。お疲れ様でした。

懐《なつ》かしかったんではないでしょうか。この会場と、みなさん、お父さんお母さん、おじいちゃん、おばあちゃんたち。ですから初めのところで昔話がちょっと長くなったのかもしれませんね。

みなさんにわかって欲《ほ》しいことがひとつあります。世界の・日本の工学博士《はかせ》、ロボット博士、人工知能《ちのう》の博士である白井先生が、ここにいらっしゃる国立《くにたち》学園、あるいは国立市の小学生のみなさんと同じく、ここ国立で、みなさんと同じように勉強したり、楽しんだりをしていらっしゃったのですよ、是非《ぜひ》わかってくださいね。

(休憩《きゅうけい》に入り、その間、現在《げんざい》の白井先生の国立ときわ会が合唱コンクールに参加した映像が流れている)

司会‥白井先生が70年前につくった合唱団《だん》の映像です。70年といってもピンとこないかもしれませんね。白井先生が中学校を卒業するときにおつくりなった合唱団が今も続いているのです。当初からの合唱団員が、今も3人いらっしゃるとお聞きしています。

　年の流れを感じます。その間、人類はどれほど進歩してきたでしょうか。ご覧《らん》ください。

（トイレにも立たずに、ご覧くださっている人が多くいる）

「国立《くにたち》ときわ会」は、近隣地域《きんりんちいき》のなかでも大きいという。いずれの写真も、右端《みぎはし》が白井先生。

③神林照道《かんばやしてるみち》先生「漢字の話」

■神林先生登場

司会：はいそれでは。いよいよ、楽しい授業《じゅぎょう》に入りましょう。今までの授業も楽しかったんですけどね。少し難《むずか》しかったかもしれませんからね。さあ、みんな席についていただけましたか。

ここで、プログラムの修正《しゅうせい》をさせていただきます。4つ目に予定していた今日の講師《こうし》の先生方3人による話し合いは、時間の関係でやめることにします。終了《しゅうりょう》時間は同じになるようにしたいと思いますので、ご了承《りょうしょう》ください。

そのかわりにここで、3人の先生の話し合いのテーマをお知らせして、みなさんにも考えていただきながら、3時間目の神林先生の授業に参加していただきたいと思います。

これから紹介《しょうかい》する神林先生は、52年間の教員生活をしてきた大ベテランの小学校の先生ですが、若《わか》い頃《ころ》は、公立小学校、その後、国立《こくりつ》の附属《ふぞく》小学校、そして吉祥寺《きちじょうじ》にある私立の成蹊《*せいけい》小学校の先生を歴任《れきにん》され、ここ国立《くにたち》学園小学校では校長先生を長くやってこられました。

さて、ここであらためて質問です。その間、神林先生が、よく口にしてきた言葉とは、次のふたつのうち、どちらでしょうか。

・みんなのなかに私がいる

・私のなかにみんながいる

本日の授業を聞きながら、みなさんにとって、このふたつのうちどちらが受け入れやすい言葉などかも考えてみてください。それでは神林先生、どうぞよろしくお願いします。

（拍手《はくしゅ》）

神林：こんにちは。

子どもたち：こんにちは。

神林：小学校1年生のみなさん、手をあげてください。

では3年生は？　4年生？

＊成蹊《せいけい》小学校：東京都武蔵野市にある私立《しりつ》小学校。1915年開設。成蹊大学附属《ふぞく》校。

（会場の子どもたちが、それぞれ手をあげる）
神林：２年生。
（２年生、手をあげる）
神林：５年生。６年生。
（２年生、手をあげる）
神林：みんな、すごいね。だれも間違《まちが》わなかった。大人の人でも間違えますよ。普通《ふつう》なら、１年生の次は、何年生と聞かれると思う？
子どもたち：（一斉《いっせい》に）２年生！
神林：僕《ぼく》は２年生と言わなかったよ。たいへん意地悪な先生ですからね。３年生と言った。それなのに、みんなは立《りっ》

神林《かんばやし》先生の問いかけに、子どもたちが勢《いきお》いよく手をあげる。

派《ぱ》。間違わずに、ちゃんと手をあげてくれたね。

　国立《くにたち》学園小学校の人、手をあげて。

　はい。桐朋《とうほう》学園小学校の人。

　おっ。早稲田《わせだ》実業小学校の人。

　おっ、いるね。音楽大学付属《ふぞく》小学校の人は？

　いないか。

　公立小学校の人は？　おっ、たくさんいるね。ちょっと立ってもらおう。

（会場のあちこちで、数名ずつが立つ。そのなかで、いちばん前の席にいたひとりの男の子に向かって）

神林：はい、あなた何小？

男の子：国立第7小学校。

神林：7小か。あなたは？　1時間目のロボットの話のとき、よく発言していたね。浅間先生もびっくりしていたよ。7小では、ロボットの授業《じゅぎょう》をやってるのかな？

（男の子はだまっている）

あなた方は、何小？
（子ども3人：8小）
神林：えっ？　きんしょう（金賞《きんしょう》）か？
（会場、笑い声）

■この漢字読める人

神林：それじゃあ、これから漢字の勉強をしましょう。まず、第1問。
（スクリーン／「木」と「森」という漢字を映《うつ》し出す）
神林：この漢字が読める人。
（手をあげる子どもたち）
神林：はい。手をおろして。読めない人もいるはず。左右どっちの漢字（木と

参加した小学生は多くが高学年。「木」や「森」ならかんたん!?

森のどちらか）のことを聞かれたかわからないもんね。
いま、「わからない人」に手をあげた人がいちばん賢《かしこ》い。その前に手をあげた人は、両方読めるから手をあげたなら、もちろん賢い。
子ども：両方！
神林：そうか。それじゃあ、私《わたし》の聞き方が悪かった。ごめんね。
では、この漢字を読める人、手をあげてもらうよ。
（スクリーン／木という漢字に赤マルをする）
神林：これは、「き」と読みますね。でも、それは音読みですか、訓読みですか。わかった人、手をあげて。ねえ、これ（小さく手をあげる）はね、手をあげた仲間に入りませんよ。手をあげるというのはしっかり（高く手をあげる）中指の先まで伸《の》ばすのが正しい。そうだ。はい、きみ。どうぞ。
当てられた子ども：（無言）
神林：きみは小さく手をあげていたからね。思いついた答えを忘《わす》れたかな？　じゃ、ヒントだ。木は、音読みは「もく・ぼく」訓読みは「き」ですね。

子ども：「こ」
神林：「こ」という読み方がわかるのは立《りっ》派《ぱ》。この木という漢字の下に、何という漢字がつくと、「こ」と読めますか。わかる人？
（スクリーン／木という漢字の横に「コ」とふりがなのふられた紙を映《うつ》し出すと、会場から手があがった）
神林：いいね、さすが。はい、あなた。手のあげ方、いいね。
子ども：「かげ」
（スクリーン／神林先生がその場で、木という漢字の下に「影」という漢字を書き、「カゲ」とルビをふる）

何人もが、真っすぐ高く手をあげて先生にアピール。

神林：そう。「こかげ」と読むね。

〈司会：先生、「こかげ」は、地面に落ちた木の影という意味で「木影」という書き方もありますが、ふつう「木陰」と書くのではないかと思うのですが……。どうしよう？　余計《よけい》なことを言って、授業《じゅぎょう》の邪魔《じゃま》をすることはできない。でも、会場でもごそご言っている人もいる。どうしよう……。〉（悩《なや》んだ末、うまく言う自信もなく、全く何も言いませんでした）

神林：では、まだほかに「木」を「こ」と読む漢字はないかな？　難《むずか》しいかな。お母さん、お父さんのなかで手をあげられる人はいませんか。では、そこの大塚《おおつか》先生。

大塚先生：「立つ」

神林：正解《せいかい》～！　さすが先生。でも、よかったですね。思い出して。

（スクリーン／木の下に「立」という漢字を追加）

これだとなんと読むんですか？　大塚先生！

大塚先生：「こだち」です。

（スクリーン／立の漢字の横に「ダチ」とルビを書く）

神林：「こだち」と読みます。「こ」という読み方は、「き」と同じ、訓読みなんです。

（スクリーン／「林」という漢字に緑色で丸をする）

いま、丸で囲《かこ》んだ漢字を読める人？

神林：訓読みで答えてね。はい、あなた。

子ども：「りん」

神林：では、訓読みは？

子ども：「はやし」

神林：そうそう。はやし。はい、次！

（スクリーン／森という漢字に緑マルをする）

（先生は、会場がうまく乗ってきたので、

神林《かんばやし》先生は、大人席の最前列の人にも容赦《ようしゃ》なく質問。

気持ちよさそうに、質問をポンポンと出していく）
神林：これは読めますか。訓読みです。
（ほとんどの子どもたちが手をあげる）
神林：はい、そのだいだい色のシャツ着てるいい男。
子ども：「もり」
神林：「もり」だね。次！　第4問。
（スクリーン／林がふたつ縦《たて》に並《なら》ぶ（林林）。緑マルをする、またほとんどが手をあげる）
すごいね。これは小学校の1年生から、高校3年生まででも教えません。何て読みますか。それがわかるんだ。はい、大学1年生、どうぞ。
子ども：「はやしはやし」（会場、爆笑）
神林：「はやしはやし」ね。そういう読み方もありますね。でもね、100点満点でいくと、だいたいね5点ぐらい。はい、きみ。白いシャツの人。
子ども：「雑《ぞう》木《き》林《ばやし》」

神林：「雑木林《ぞうきばやし》」。きみはすごい！　センスがいいよ。まあ読もうとすれば雑木林でもいいかもわからないけども。これはね、1.5点。大学生になっても勉強しないかもわからない。はい、あなた。わかる人、みんないっしょに答えてください。せいの！

子ども：「ジャングル」

神林：多くの人が「ジャングル」って言ってたね。どうして？

子ども：木がいっぱいある。（口々に）

神林：木がいっぱいある。正解《せいかい》〜！　さすが！　拍手《はくしゅ》。

これはジャングルというふうに読み

木（き）、林（はやし）、森（もり）。木が４つの㙼は何と読むか？

ます。でもこれは、つくった漢字ですから。読み方が昔からある漢字ではありません。それじゃあ、次は？　訓読みで答えてください。

（スクリーン／畑という漢字を映《うつ》す）

子ども：「はた」

神林：「はた」は違《ちが》いますよ。「はた」というと「旗」もあるでしょ。訓読みというのは、意味がすぐ伝わる読み方のことですね。

（手が多くあがっている）

おっ、天才がいっぱいいるね。はい。きみ。

子ども：「ばた」

神林：「ばた」、違います。だって、「ばた」って言われて、何を思い浮かべますか？　ウケ狙《ねら》いかな？　さっきの「ぞうきばやし」もそうだったかもね。それとも、清音と濁音《だくおん》にするのかな？

子ども：「た」

神林：「た」って、何、僕《ぼく》の頭を試しているのか〜。「田」のことかな？　僕もまだここから上（首から上を指す）は、元気だよ。
違《ちが》います。正解を言いますね。この漢字の訓読みは「はたけ」です。

■日本人がつくった漢字

みなさんもご存知《ぞんじ》の通り、漢字という文字は中国から伝わってきたものですが、中国語では、「畠《はたけ》」と書きます。「畑」という漢字は、中国ではありません。日本人がつくった漢字です。国字《こくじ》です。

おもしろいでしょ。中国は白い田で、日本は赤い田。いや火の田です。わか

だんだん手をあげる人数が増《ふ》えてきた。

りますか、みなさんの頭が元気かどうか試させてくださいね。

（スクリーン／国字という文字を映《うつ》す）

（スクリーン／働という漢字を映す）

神林：労働の「働」は、訓読みでは「はたらく」ですね。音読みは何でしょうか？

（手をあげる子どもたち）

神林：すごいね。はい、黒。黒のお兄さん。

男子：「どう」

神林：「どう」はい。よろしい。「どう」のほかは、ありますか？

子ども：「ない」「ありません」「ないと思います」

神林：ない？　ある？　これもね。国字のなかでもめずらしく音読みがある国字なんです。小学校・中学校で習う国字のなかでは、ひとつしかありません。お父さんやお母さんが一所懸命《けんめい》働いている。みなさんは、遊んでいるけれどもね。

そうそう、中国では「働」という漢字はありませんが、近代になって、日本の「労働」という漢字が、中国に逆輸入《ぎゃくゆにゅう》され「労働」などの熟語《じゅくご》がいくつも使われるようになったそうです。それにしても、漢字の母国中国で日本がつくった漢字が使われているのって、すごい！

■創作《そうさく》漢字

さて、次は、日本がつくった漢字ではないし、中国から来た漢字でもない漢字の話をしましょう。それはね、自分で考えて、自分でつくった漢字です。

（スクリーン／八の右上に七がふたつついた字を映《うつ》す）

神林：さあ、これは何と読む？　手をあげてる人、立ってください。

ふたりでいっしょに、全部に聞こえ

創作《そうさく》漢字「八」は何と読むか？　大人はしーんとしているが、子どもは口々に答える。

るように言うんだよ。さん、はい！
子どもたち：「ばなな」
神林：正解《せいかい》～！　さすが！　きみたちはさっきから「ばた」とか「ばやし」とか。濁音《だくおん》大好きかな？　はい、今度は、これは何と読む？
（スクリーン／たけかんむりの下に姫《ひめ》という漢字がついた字を映す）
　創作の漢字だよ。わかった人、立ってください。いい？　いっせいに言うよ。さん、にい、いち、はい！
子どもたち：「かぐやひめ」
神林：大正解～！　すごいね～。あなたは、何小？

神林《かんばやし》先生と子どもたちとのかけあいがリズムよく続く。

子ども：国立《くにたち》学園。

神林：今の国立学園は、昔と同じで、漢字をしっかり教えてますね〜。感心しました。

(会場から笑い声) 国立学園の校長先生は、今あそこにいますよ。

(佐藤《さとう》校長先生の方を指す) でも、佐藤校長先生は算数の先生で、漢字は何にもわかりませんよ。(会場、大笑い)

はい、次！ これはね、4つあるなかでいちばん難《むずか》しいです。

(スクリーン／「考」に似《に》た創作《そうさく》漢字を映《うつ》す)

でも、これ読める人がいますね、きっと、でも、もうね、大学5年生ぐらいの人！

さあどうだ。

神林：わかった人、立ってください。

立っている人は、賢《かしこ》そうな顔をしているね。よーし。みんなひとりずつ聞くぞ。

はい。

子ども：「考える」

神林：「考える」だめ。座《すわ》る。はい次！

子ども：（だまっている）

神林：なんで立ったの？　当たらないと思った？　だめ、座る。はい、次。

子ども：「かご」

神林：かご？　かごか。なんでかごだろう。またみんなの大好きな濁音漢字《だくおんかんじ》。どうせなら「がご」と言ったら。

子ども：「思考」

神林：なるほど、「思考」か、でも、違《ちが》う。はい、そこの3人組、いっしょに言ってごらん。

子ども：「考える人」

神林：考える人。考えない人。あとは、考え中の人かな？　違います。
　これはヒント！　考えるのところの下の部分が、ぐーんとここまで伸《の》びて、貫《つらぬ》いています。

子ども：「ずっと考える」

神林：相当いいとこに来た。6文字だよ。はい、おじょうさん。

子ども：「考え込《こ》む」
神林：「考え込む」いいね〜。もうひと声。（会場笑い声）ぐーんと伸《の》びるんだ。はい！
子ども：「考えつく〜〜」
神林：きみ、やるね。でもちょっと違《ちが》うな〜。はい、赤のぼうや。
子ども：わからない。
神林：はい。一気に落ちた〜。答えは、「考えぬく」でした。
（会場は納得《なっとく》したような、しないような雰囲気《ふんいき》。すると神林先生は、これでもかと）
（スクリーン／くにがまえのなかに紙と

先に授業《じゅぎょう》を終えた淺間《あさま》先生、白井《しらい》先生も、子どもといっしょに考える。

いう漢字を出して）
　これはどうだ！
子ども：「用紙」
神林：「用紙」、違う。ヒントはね、これ見て！
（くにがまえから飛び出ているいとへんに緑マルをする）
　はい。どうですか？
子ども：「書類《しょるい》ケース」
神林：書類ケース、違います。はい、帽《ぼう》子《し》の兄さん。
子ども：「白い紙」
神林：「白い紙」違う。はい。これはね、日本語だけど、カタカナ語です。はい。

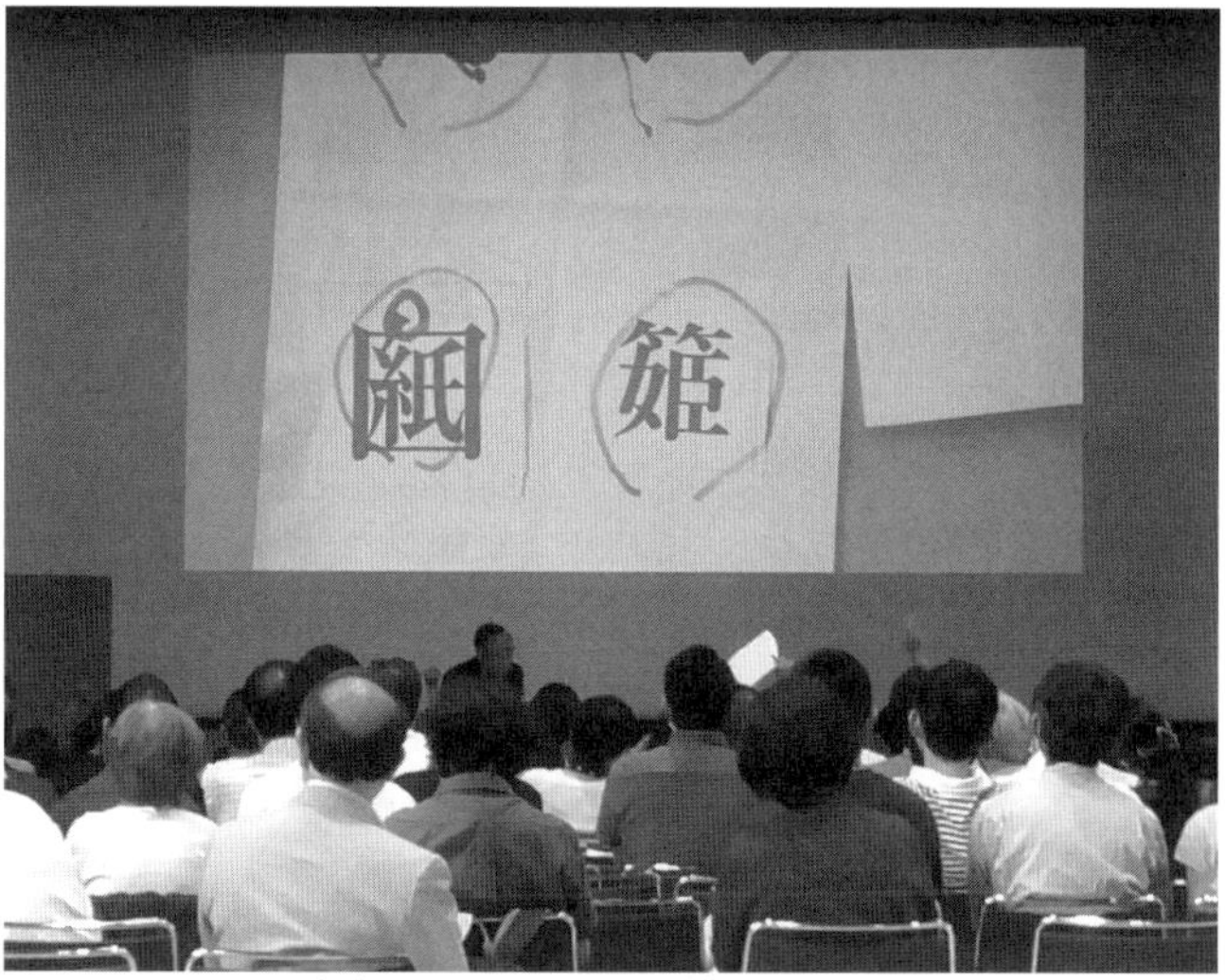

スクリーンには、見慣《みな》れない「漢字」が並《なら》ぶ。

子ども：「ノート」
神林：「ノート」違《ちが》います。鼻《はな》をかむときに使います。（子どもたちの手がたくさんあがる）はい、立ってごらん。いくよ、さん、はい！
子どもたち：「ティッシュ」
神林：そうです！　時間のないのによく引っ張《ば》ってくれたね。あ、僕《ぼく》が引っ張ったのか。
（スクリーン／雨に似《に》た創作《そうさく》漢字を3つ映《うつ》し出す）
これね、雨という漢字がもとになっていますが、ひとつも雨という漢字じゃありません。3つのなかで、わかる漢字があるとすればどれ？　はい、眼鏡《めがね》のお兄さん。
子ども：いちばん上が、雨漏《あまも》り。
神林：いちばん上が「雨漏り」。よくわかるね、ここが空いているもんね（あめかんむりのアキ部分に緑マル）、その通り。
子ども：いちばん下が、「大雨」
神林：「大雨」でも間違《まちが》いじゃない。でも、8.5点ぐらいね。はい、ほかには？
子ども：「嵐《あらし》」

神林：「嵐」は、風が入りますね。この漢字には風がない。はい。眼鏡のお兄さん。
子ども：「豪雨《ごうう》」
神林：「豪雨」豪雨なんていうのは難《むずか》しい言葉だ。正解《せいかい》に近いね。9.9点。
（会場笑い声、スタッフが終了《しゅうりょう》のお願いのサイン）
神林：はい。真んなかの子。
子ども：「台風」
神林：だから、さっきこの字に風がないと言ったでしょ。はい、おじょうさん。
子ども：「雷」
神林：「雷」？　遠くなってしまったね。第一、「かみなり」には「雷」って漢字があるでしょう。
子ども：「どしゃぶり」
神林：出た！「どしゃぶり」正解《せいかい》！　いちばん下はもう雨がバンバーンと降《ふ》ってるね。さあ、最後のひとつ。どうだ〜〜。時間がないよ。
子ども：「にわか雨」

神林：「にわか雨」ほかの言い方で！　はい！

子ども：「晴れときどき雨」

神林：「晴れときどき雨」　上手いこと考えるね。でも、それちょっと違《ちが》う。

子どもたち：「小雨」「天気雨」

神林：はい、そこの3人組。

子どもたち：「暴雨《ぼうう》」「線状降水帯《せんじょうこうすいたい》」「天気雨」

神林：なに、3人バラバラか（会場笑い声）。

　線状降水帯、あ〜、難《むずか》しいのが出てきた。あれはもうちょっとこう、線状にならないとね。はい、大庭《おおば》さん。あ

いちばん上は、「雨」の一部分が切れている。

なたは4年生のとき、あまり漢字が得意《とくい》でなかったけど。（会場にかつての教え子の女性《じょせい》を見つけて、突然《とつぜん》指名。会場から笑い声と「かわいそう」の声も）
大庭さん：わかりません。
神林：本当はわかっているんでしょ。あと、佐藤《さとう》校長先生はいかがですか？
佐藤校長：「ときどき雨」
神林：違う、吉村《よしむら》先生は？　でも、きっとわかりませんね。
実は、大人のね、先生もね、難しいんだからね。
吉村先生：「はずれ雨」
神林：「はずれ雨」？　そんな雨あるの？　雨はあってるけど、さすが先生だね。
はい。次。眼鏡《めがね》のぼうや。
子ども：「通り雨」
神林：「通り雨」おしいね、はい。違います。
（会場、無言）
神林：考え中か。いちばん上に「に」がつきます。はい。

子ども：「虹《にじ》」
神林：「虹」？　雨があがってしまったのか～。虹なら7つないと。はい、あなた。
子ども：「にわか雨」
神林：やったー。「にわか雨」、正解《せいかい》です。
司会：神林先生、さっき「にわか雨」という回答は出てましたよ。でも、僕《ぼく》も正当がわからなかったので、何も言えませんでした。先生、時間短縮《たんしゅく》にご協力くださいまして、ありがとうございます。
神林：え、そうなの、夢中になってしまいました。でも、みなさんもうちょっとだけ時間ちょうだいね。答えがどう

神林《かんばやし》先生と子どもたちのやり取りを、楽しそうに見守る白井《しらい》先生と淺間《あさま》先生。

かよりも、こうやってみんなで遊ぶことに意味があるのです。自分たちで、つくってみるともっといい。漢字の意味や現象《げんしょう》の意味を考えながら。その例をちょっとだけ、やってみましょう。つくる漢字。

自分で漢字をつくって、前に来て紙に書いてください。何人できるかな。私《わたし》の予想では多くて3人、少なくてゼロ人。思いついた人はどんどん遠慮《えんりょ》しないで。

はい、どうぞ。

（スクリーン／子どものつくった漢字①を映《うつ》し出す）

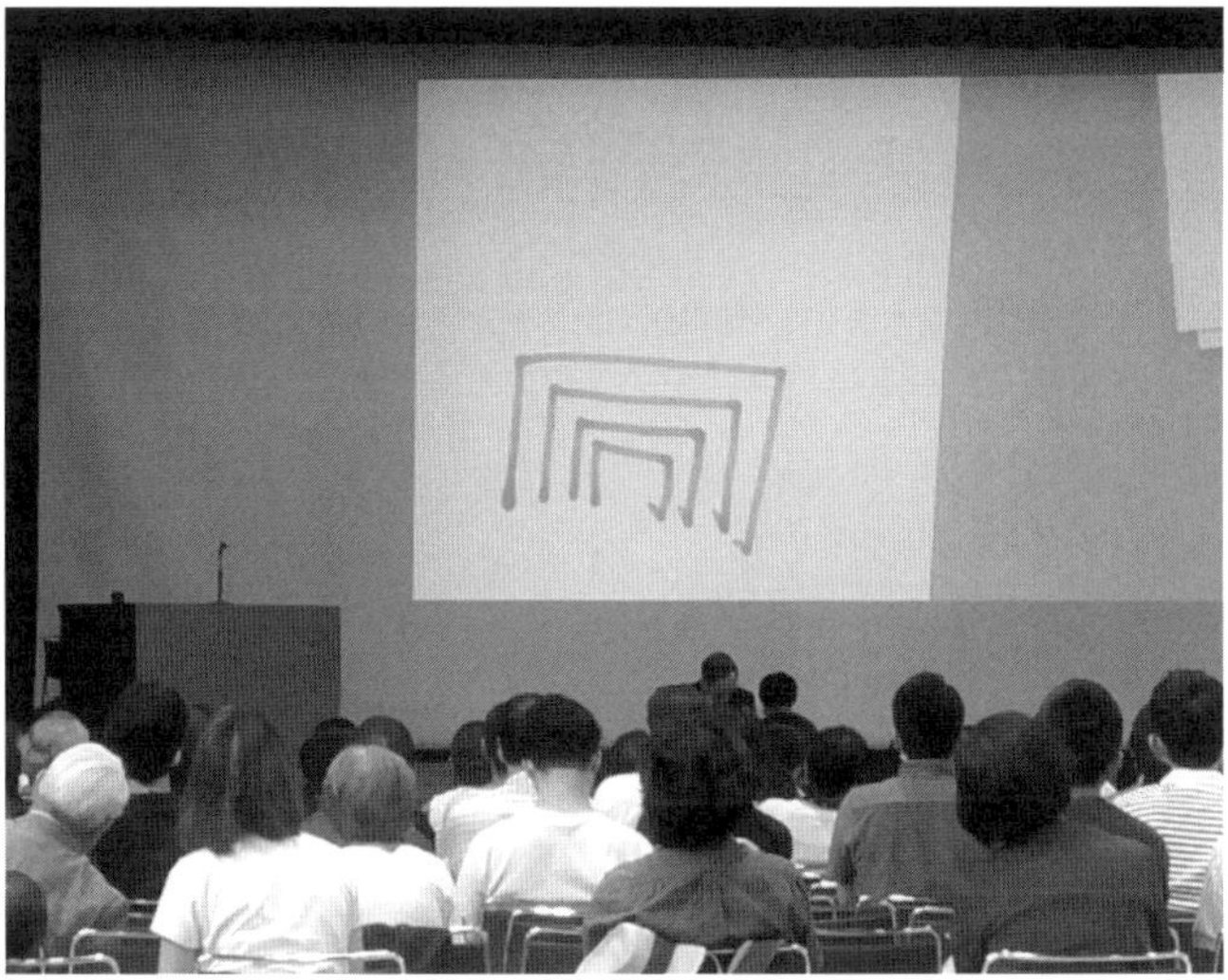

子どもがつくった漢字（①）。しょっぱなから難《むずか》しい。

神林：おーすごいね、これは何て読むの？
子ども：「虹《にじ》」
神林：虹か。これ7つないけども。これはね、ちょっと読みにくいね、これは点数にすると、0.1。僕《ぼく》のつくった「考えぬく」や「にわか雨」も、そんなもんかもしれないけれど。（会場笑い声）
（スクリーン／子どものつくった漢字②を映《うつ》し出す）
子ども：「カミキリムシ」
神林：よろしい！ 最高。みなさん拍手《はくしゅ》！
（会場から大きな拍手）
もうひとり、10点いないかな～？ 最後だよ！ 絶対《ぜったい》に10点決めてくれる？

子どもがどんな漢字を考えたかと、神林先生も興味深々《きょうみしんしん》（漢字②）。

大丈夫《だいじょうぶ》？　10点だよ！（会場笑い声）0.1点じゃだめなんだよ。はい10点どうぞ。10点ぼうやになれるかな？

子ども：「小人」

神林：なぜ小人？

子ども：口に入れるぐらい人が小さいから。

神林：人がふたりいても小人？　ひとりじゃなく？

子ども：ふたりでも人間が口に入るぐらい小さい。

神林：ふたりでも人間が口に入るぐらい小さい。小人。15点〜！

何だかわからなくてもいいんです。考

「口《くち》」の下に、「人《ひと》」という字をふたつ書くと、何と読むか？

えることに意義《いぎ》があります。拍手《はくしゅ》。

漢字にはね、自分でつくる漢字もあります。そういうのを日本で集めているところがありますので、お配りした紙に書いて送り、今年の最優秀《さいゆうしゅう》漢字となると100万円だったかな、100円だったかな？　賞金《しょうきん》がもらえたりするんです。

（会場、爆笑《ばくしょう》）

■一画の漢字

神林：それじゃあ、いよいよ本当に最後です。この漢字の画数は、何画？

（スクリーン／一という漢字を映《うつ》し出す）

子どもたち：一画。

神林：はい。一画、一画の漢字は、もうひとつありますよ。

（手をあげる男の子）

おっ、いいね。前にいらっしゃい。

あなたは、何年生？

男の子：４年。
神林：４年生か、ここに書いてみてくれる？（スクリーン／男の子が乙《おつ》という漢字を書く）はい、正解《せいかい》〜！　すごいね〜。きみは、漢字好きなの？（黙《だま》ってうなづく男の子、会場からしぜんと拍手《はくしゅ》がわく）
　それでは、今、日本で使われている漢字でいちばん画数の多い漢字は64画の字です。64画はこれです。この漢字を読める人はいますか？（スクリーン／64画の漢字）龍《たつ》という字を４つ書いてあります。これは、龍が16画なので、４つで64画。読み方は、テツとかテチ

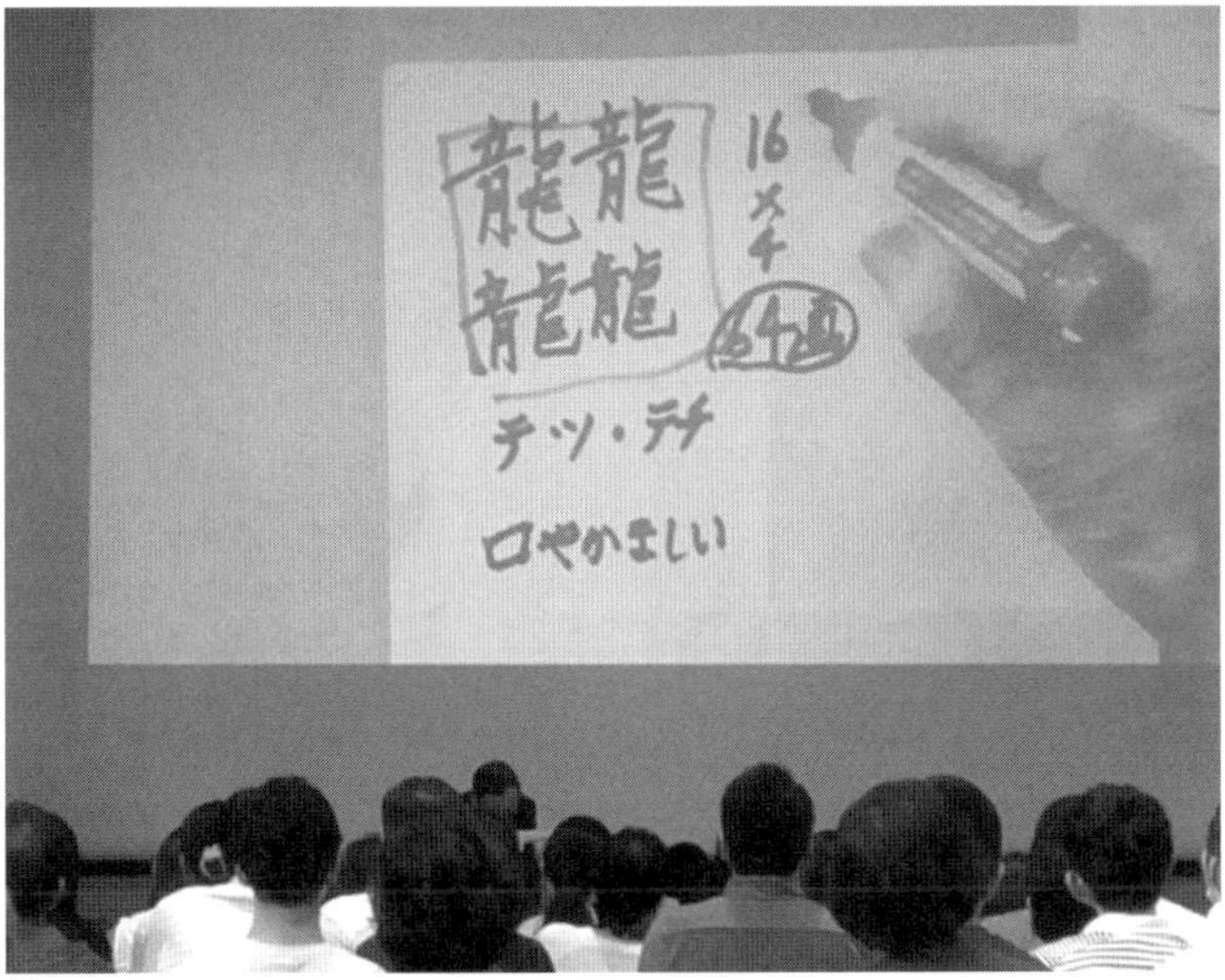

龍《たつ》を４つまとめて、ひとつの漢字。

とか読みます。意味は、「お母さん」。いや、「口やかましい」です。

以上で漢字の勉強を終わります。ありがとうございました。

(会場、笑い声と拍手《はくしゅ》。拍手がだんだん大きく響《ひび》き出す)


司会：神林先生、ここから見ていると、ずっと中腰《ちゅうごし》で立ってらっしゃって。

(司会の方をふりかえる神林先生)

神林先生はもうすぐ88歳《さい》なんですよ。米寿《べいじゅ》ですね。たいへんお疲れ様でした。とてもテンポのよい、素晴《すば》らしい授業《じゅぎょう》でした。最後の締《し》め方も、さすがとしか言いようがありません。本当にありがとうございました。

みなさん、神林先生に盛大《せいだい》な拍手を！

(拍手喝采《かっさい》、神林先生、着席)

それでは、最後のご挨拶《あいさつ》の代わりに、僕《ぼく》が先ほどお出ししたクイズについて、お話しさせていただきます。さっきのクイズ、覚えていらっしゃいますか。

国立市《くにたちし》のなかに大学が大きくありますね。そこに立派《りっぱ》な文化財《ぶんかざい》の講堂《こうどう》があるんだけれども、ご存《ぞん》じですか。何という講堂ですか。兼《かね》松《まつ》講堂ですね。その兼松講堂よりも有名で、兼松を知らなくても国立の人みなさんが知っている、講堂が東大にあります。何という名前ですかねぇ。そう、安田《やすだ》講堂です。実は、1時間目の先生の淺間先生が、東大の学生に、その安田講堂で、去る3月に授業をなさっているんですよ。

これが、その授業の写真です。後ろに大きく書かれているのが、先程のクイズの文言です。

「みんなのなかに私がいる」か「私のなかにみんながいる」か?

さっき、僕は神林先生の教育実践《じっせん》は、ふたつのうちどちらだと思いますか、と聞きました。

本当は、今日、このことについて、先生方で話し

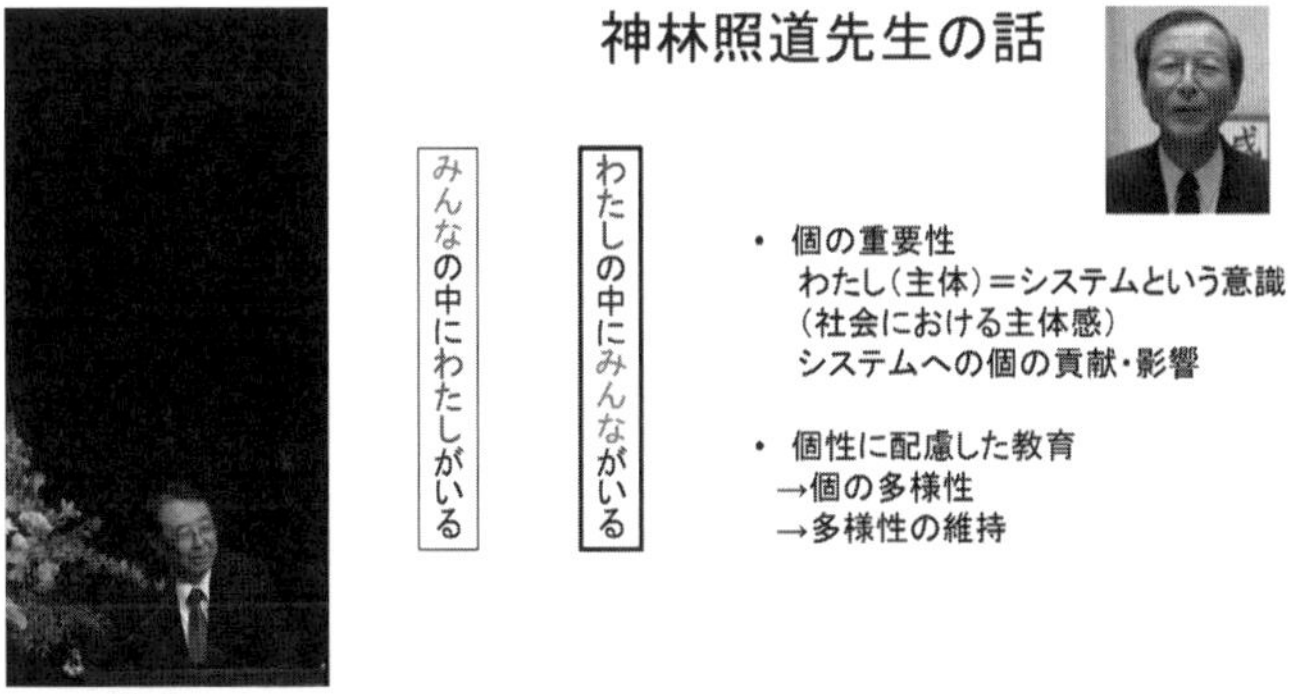
神林照道先生の話
わたしの中にみんながいる
みんなの中にわたしがいる
・ 個の重要性
わたし（主体）＝システムという意識
（社会における主体感）
システムへの個の貢献・影響
・ 個性に配慮した教育
→個の多様性
→多様性の維持

「最終講義《こうぎ》」で、自身の子どもふたりが通っていた小学校・校長の言葉を紹介《しょうかい》し、自分の専門《せんもん》とどうかかわるかを説明する淺間《あさま》先生。

合っていただく予定でいました。ですが、白井先生も神林先生も、気持ちよくお話しいただいていたのを見て、僕《ぼく》は、3人の話し合いはカットすることにさせていただいたのです。

それにより、ぴったり予定の時間で終わることができますので、どうぞお許《ゆる》しください。

クイズへのみなさんの回答は、アンケート用紙にお書きください。神林先生ご自身のお気持ちは、別の形でみなさんにお知らせいたしますので、どうぞご了承《りょうしょう》ください。

それから、神林先生の答えは、淺間先生の考え方にもぴったりだということから、淺間先生は、3月の東大の授業《じゅぎょう》でご紹介《しょうかい》になったとお聞きしています。そのことについても、この後ホームページなどで紹介させていただきますので、ご期待ください。

最後にもう一度、読み上げます。この場でも、ぜひ挙手にてご回答ください。

「私《わたし》のなかにみんながいる」、「みんなのなかに私がいる」、どっち?

「私のなかにみんながいる」(20名くらいが挙手)

「みんなのなかに私がいる」（40名くらい）

僕から見ると、1対2で「みんなのなかに私がいる」の方が多い気がしますが、神林先生、白井先生は、どちらだとおっしゃるでしょうか。

本日は本当にありがとうございました。下手くそで、うまく進行ができなかったことをお詫《わ》びいたします。ありがとうございました。

最後にひと言。神林先生には、お聞きくださっている子どもたちからお年寄りまでの方々を巻《ま》きこむ話術《わじゅつ》を、今日も勉強させていただきました。個人的《こじんてき》にも感謝《かんしゃ》いたします。

本当にありがとうございました。お礼の気持ちで、余計《よけい》な情報《じょうほう》をひとつ。先ほどの木が4つの読みのクイズ、ある英語の教科書に載《の》っていましたよ。昔。

神林：お〜、そうか、情報ありがとう。

（会場アナウンスから、「本日の司会は、子ども大学くにたちの理事長の稲葉茂勝《いなばしげかつ》でした。本日のイベントを急ピッチで段取《だんど》りしてきました」。「司会の稲葉に拍手《はくしゅ》をお願いします」。拍手をしながら、お帰りになる人たちも大勢《おおぜい》いた）

第五章

神林《かんばやし》先生から子どもたちと保護者《ほごしゃ》の方へのメッセージ

神林《かんばやし》先生の授業《じゅぎょう》に参加くださったある絵本作家さんが、次の感想をお寄《よ》せくださいました。「子どもの心のつかみ方がお見事！　話を聞いて考え、参加する、理想的な授業の形で、大人までも惹《ひ》きつけられました。さすが『私《わたし》のなかにみんながいる』というお考えの先生」と。ここではそんな神林先生から、読者のみなさんへメッセージをいただきました。

■過保護《かほご》と過干渉《かかんしょう》

僕《ぼく》は過保護と過干渉は、子どもの将来《しょうらい》を考えると育児の放棄《ほうき》に等しいと考えています。

「勝ち組・負け組」という言葉に代表されるように、今の世のなかは二極化の方向に向かっていますね。

我《わ》が子をいわゆる「勝ち組」に入れるには、有名大学を卒業することが必須条件《ひっすじょうけん》と考えている保護者が少なくないですね。僕は、それがまったく間違《まちが》いとは言わないけれど、でも、勝ち組に入れるのは、ごくひと握《にぎ》りの人間だけです。

我が子の尻《しり》をたたいて、親《おや》が敷《し》いたレールの上を一所懸命《けんめい》走らせても、世のなかに出てだれもが認《みと》めるような活躍《かつやく》ができるチャンスというと、さて、どれくらいあるのでしょう。

我が子に期待をかけ過《す》ぎた、育て方を誤《あやま》ったと後悔《こうかい》しても、レールの上を走らされた子どもにしてみれば、今さら何だと……。

さしたる理由や目的、目標がないままフリーターだとかニートだとか、無気力な生活を送る若者《わかもの》がいるようですが、彼《かれ》らを責《せ》めるのは酷《こく》です。それぞれ事情《じじょう》があるにせよ、やはり親の育て方にも何らかの問題があった可能性《かのうせい》はあると思いますね。もしかすると、幼児期《ようじき》に身につけておかなければならない肝心《かんじん》な部分がすぽっと抜《ぬ》けていたのではと思いますよ。

その「肝心な部分」のひとつだと思いますが、過保護・過干渉に育てられた子どもが、昔に比《くら》べて増《ふ》えているという指摘《してき》があります。

国立《くにたち》学園小学校の教育目標である「自ら考え、自ら学び、自ら行動する」との間に、かなりの距離《きょり》がありそうです。

国立学園には、「21世紀《せいき》を生き抜《ぬ》く子どもを育てる」という大きな目標があります。保護者のみなさんは、そこに共感して本校を志望《しぼう》したとおっしゃる。教育目標の「自ら考え、自ら学び、自ら行動する」にも感銘《かんめい》したと……。

しかし、総論賛成各論反対《そうろんさんせいかくろんはんたい》とでも言うか、現実《げんじつ》の子育ての場面で生かされていないことが少なくないのです。1年生のオリエンテーションのときとか、新年度の各学年の保護者会《ほごしゃかい》のときに具体的な例を引き合いに出して話をしています。

たとえば、次のような話です。

お子さんが忘《わす》れ物をして学校に行ったとき、お母さん方の対応《たいおう》はふたつ。学校へ届《とど》けに行く、もうひとつは届けない。

お母さんが忘れ物を届けてくれた子どもは、ありがたいと思ったでしょうね。一方、お母さんが届けてくれなかった子どもは、先生には叱《しか》られるし、友達といっしょに学習ができなくて涙《なみだ》を流したかもしれない。どちらが「自ら考え、自ら学び、行動する」子どもにつながるでしょうか。

それから、こういう話もします。

お弁当《べんとう》の時間に1年生が箸《はし》を落とした。「先生、箸……」と言う。先生が「何?」と聞くと、「箸が落ちました」(笑)。

「落ちたらどうする?」「拾って、洗《あら》います」「それじゃ、自分で拾って洗いなさい」と言うと、途方《とほう》に暮《く》れたような表情《ひょうじょう》をします。泣き出す子もいます。

「おうちで箸を落としたら、どうしているの?」と聞くと、元気よく「ママが拾って洗ってくれます!」(笑)。

親御《おやご》さんに考えてほしいのは、忘れ物をしたら学校に届けてやるとか、箸を拾ってあげるとかしたのでは、先ほど申し上げたように、幼児期《ようじき》に身につけておかなければならない肝心《かんじん》な部分が育たないということです。

厳《きび》しいことを申し上げるようですが、過保護《かほご》とか過干渉《かかんしょう》は子どもの将来《しょうらい》を考えると育児の放棄《ほうき》に等しいのです。子どものためと思ってやっていることが、実は、子どものためにはなっていないのです。

■一問一答付きペーパーテスト

国立《くにたち》学園の入学試験では、一人ひとりの子どもに対して、なぜここに○をつけたのか、線を引いたのかなど、先生が個別《こべつ》に質問《しつもん》するという、「一問一答付きペーパーテスト」を行っています。

実は、このペーパーテストには、正解《せいかい》が複数《ふくすう》あるのです。

極端《きょくたん》な言い方をすると、どれを答えても正解です。正解はひとつしかないという問題もなかにはありますが、どれを正解としても間違《まちが》いじゃないという問題が多いのです。

なぜここに○をつけたのかを、ひとりずつに聞きます。5人ぐらいの教師《きょうし》が、ふたりか3人の子どもを受けもって、どうしてそこに○をつけたのかを聞く。その子なりにきちっと答えられれば正解《せいかい》なのです。

正しいか正しくないかを答えるテストに慣《な》れるのは、就学《しゅうがく》前の子どもには適当《てきとう》とは思えません。学校説明会などでも、「国立《くにたち》学園のペーパーテストは、答えがひとつとはかぎりません。正解がふたつ以上ある問題もあります。どれを選んでも正解というケースもあります。自分がなぜそこに○を付けたか、なぜそこに線を引いたかを、自分の言葉で、相手にはっきりわかるように説明できればよいのです。ですから、家庭で指《し》導《どう》するときも○×式の練習ばかりさせないでください」と申し上げてきました。

どうしてそうしているのか？　それは「間違《まちが》うことが成長の原動力になる」という指導方針《しどうほうしん》だからです。

たとえば、このお茶碗《ちゃわん》がどんな形に見えるか、上から見るとどう見えるか、脇《わき》から見るとどうか、よく見て、3つ以上言ってくださいという質問《しつもん》をします。

その子なりに、どう見えたかがきちっと言えれば、それが正解です。そういう問題ができない子どもが結構《けっこう》いますよ。

小学校入試で、いろんな学校をかけもち受験してきた子どものなかには、九九が言える、掛《か》け算ができる、2桁《けた》や3桁の足し算、引き算ができる子もいます。

2年生レベルの漢字を書ける子もいるんだけど、でも、それが何にもならないんだということを、まずはわかってもらわなきゃだめなんです。

学校で習う漢字を先取りして勉強する。そうしたことが何にも役立たないと言ったら言い過《す》ぎかもしれませんが、そんなことより、就学前《しゅうがくまえ》はもっと大事なことを身につけなければいけないのです。

僕《ぼく》がうちの教師《きょうし》によく言ってきたのは、間違うということは自分を成長させるんだということを、どうしたら子どもたちに理解《りかい》させてやれるか、そこを上手に指導《しどう》してほしいと。「正しいか正しくないか」式に勉強させられた子の場合、テストで間違うと落ち込《こ》んでしまうのです。

泣いてしまう子どももいます。これからいろいろな知識《ちしき》を覚え、それを知恵《ちえ》にしようという子が、テストの答えを間違えたと泣き出す、だれがどう考えてもおかしいことです。

なぜ、間違《まちが》うことがプラスになるのか、成長の原動力になるのかというと、間違うことによって初めて、どうして間違ったのかを考えることができるのです。

5＋8＝13。8を5と3にわけて、5と5で10、残っているのが3だから答えは13。ところが、間違って8を5と4にわけてしまうと、14になってしまう。そうすると、その子は、8のわけ方が間違っていたことに気づく。そこが大事なのです。

間違いがわかれば、次からは同じような間違いをしなくてもすむようになるし、間違ったプロセスをたどって行ったら、別の計算方法が見つかるかもしれません。この時期、そういう思考法が大事なのです。

■自分にふさわしい中学校に合格《ごうかく》

国立学園《くにたちがくえん》では、有名中学に合格するためのカリキュラムうんぬんの前に、土壌《どじょう》づくりを大事にしています。どういうことかというと、子どもは学習の過程《かてい》で「できた、できない」とか、「わかった、わからない」とかという場面に出会います。このときにたいせつなのは、「どうしてできなかったのか」を自分で考え、また「なぜ、できたのか」

もあわせて考えることなのです。僕《ぼく》はこの構《かま》えで、カリキュラムに立ち向かう子どもを育ててきました。その結果が、その子が自分にふさわしい中学校に合格することにつながるのだと思います。

また、国立学園では、よく最初に答えを教えて、なぜその答えになるかを考えさせることがあります。

今は中学の入試問題でも、五者択一《たくいつ》とか三者択一というのは、あまりないですからね。国語でも、自分の考えたこと、感じたこと、思ったことを、自分なりの言葉で表《ひょう》現《げん》しなければいけないような問題が多くなっています。小さいときに○×式で指導《しどう》してしまうと、そうした問題に対応《たいおう》できなくなっています。

4年生や5年生の算数の授業《じゅぎょう》では、たとえば分数の授業はこう指導しています。ある分数の問題を出して、答えは5分の4ですと、最初に答えを教えます。そして、答えが5分の4になる方法を、ひとり3つずつ見つけなさいという授業です。「5分の1足す5分の3は、5分の4です」「はい、よくできましたね。それじゃ次」という指導法では子どもの知恵《ちえ》は育ちません。「5分の1足す5分の3が5分の4になるという説明の仕方を3つ以上見つける」という問題を出すと、子どもたちは、いろんな方法を考える。そのなかで、いちばん正しく早くできるのは、太郎《たろう》君の方法がいいのか、花子《はなこ》さんの方がいいのか……基礎《きそ》をつくるというのは、そういうことじゃないでしょうか。

こういう授業《じゅぎょう》の進め方は、ほかの教科でもいろいろ工夫しています。理科の授業は実験がとても多いのですが、たとえば子どもたちに仮説《かせつ》を立てさせる。子どもたちがいろいろ予測《よそく》をして、実際《じっさい》どうなるか実験してみる。各班《かくはん》の実験結果がいろいろ出てきますよね。隣《となり》の班の実験結果を見て、そうか、そういう方法もあったと気づく。あるいは、ひょっとすると、こういう方法でやればもっと早く結果が出るかもしれないと、もういっぺん実験してみる。この過程《かてい》に真の学習が存在《そんざい》します。

■教師《きょうし》の指導力《しどうりょく》とは

僕《ぼく》は、教えるというより、子どものひらめき力を刺激《しげき》するというか、引き出すということを、たいせつにしてきました。自分で言うのもおこがましいですが、それには教師の指導力が問われてきますね。ですから、国立《くにたち》学園では、月に1回、先生方が集まって、ああでもないこうでもないと話し合い、カリキュラムを修正《しゅうせい》していました。自ら考え、自ら学び、自ら行動する子どもを育てるために、いちばん大事なのは何かと言うと、僕は、教師の指導力だと考えています。

毎年毎年、新しい子どもが入ってくるのに、それまでと同じようなことをやっていたのでは子どもは育ちません。もっといい方法はないか、大袈裟《おおげさ》なようですが、日々努力して行く必要があります。それからもうひとつ教師に言ってきたのは、授業の過《か》程《てい》で、子どもに何を、いくつ教えたかではなく、子どもからいくつ学んだか、子どもからどれくらい「え！」っと思うようなことを教えられたか。そういう姿勢《しせい》で取り組まないと、自ら考え、自ら学び、自ら行動する子どもは育たないということです。教師自身が自らを高める努力や工夫をしないと、子どもたちも高まってこないと思いますね。

そういう学校側の努力がベースにあるから、結果として、有名中学に進学できるということなんです。こういう言い方をすると、ちょっと誤解《ごかい》する人がいるかもしれません。

国立学園《くにたち》は、中学受験を突破《とっぱ》することを目標にはしていません。そうではなくて、21世紀《せいき》を生き抜《ぬ》くための人間を小学校6年間で育てたい。中学受験はその途中《とちゅう》の中間点のひとつだと思っています。それでも、結果として有名中学と言われるところに多くの子どもたちを送りだしています。

■親の面接《めんせつ》で不合格《ふごうかく》にしたこともある

小学校受験の塾《じゅく》などが、「国立学園は、親子面接の評価《ひょうか》にあまり重きを置いてない」などと言っているそうですが、重きを置いてないと言うと、ちょっと語弊《ごへい》があるかもしれません。ペーパーテストや集団《しゅうだん》行動に比《くら》べれば評価《ひょうか》の比重《ひじゅう》が低いということです。

面接で不合格にしたというケースもあります。それほど多くはありませんが。では、なぜ面接をするのでしょう。それは、保護者《ほごしゃ》の方に、どういう学校であるかを理解《りかい》した上で受験していただきたいからです。

学校の特性《とくせい》を間違《まちが》って入学させると子どもがかわいそうなのです。また、わずかな時間だけれど、子どもと保護者の関係がどうなのかを見たいためです。

ですから、親の面接のために、とくに練習をしたり、面接を受けるときの態度《たいど》を子どもに特訓したりする必要はありません。普段《ふだん》のままで面接に臨《のぞ》んでいただければ十分です。「お受験ルック」でなければならないなんて、少しも考えておりませんよ。

要するに、極端《きょくたん》な言い方ですけど、うちは6年生までしかない学校だということだけわかっていればいいんです。

小学校から大学までつながっているなかで、子どもを12年間とか16年間育てていきたいなんていうんじゃや、これはうちの学校には、ふさわしくないわけです。

そこを間違《まちが》えないようにしてもらえばいい（笑）。

編集後記《へんしゅうこうき》

この本の表紙は、デザイナーさんが考えたものです。僕《ぼく》がこうしてほしいとかは、全く言っていません。ですから、イラストメインの表紙案（写真などでなく）が出てきたとき、僕は、思わず神林《かんばやし》先生は、どの人かな？　と考えていました。その後は、ことあるごとに関係者に、どの色の人が神林先生だと思いますか？　と、尋《たず》ねました。いちばん多いのが、「紺色《こんいろ》」でした。

「みんなのなかに私《わたし》がいる」なら、それは正解《せいかい》でしょう。でも、表紙を初見した人ならともかく、この本を後記まで読んでくださった方の答えは、左側の白い人となるでしょうか。実は、この答えは神林先生の教育方針《ほうしん》と同じ。どれが正解ということはありません。

ところで、来年（2025年）の2月15日、僕が理事長を務《つと》めるNPO《エヌピーオー》法人子ども大学くにたちでは、国連大学の学長チリツィ・マルワラ氏を、東京都国立市《くにたちし》にある一橋《ひとつばし》大学の兼松講堂《かねまつこうどう》にお迎《むか》えして、この本で紹介《しょうかい》した、3人の先生方の授業《じゅぎょう》のように、子ども大学くにたちで授業をやってもらうことになっています。もちろん、言語は英語です。当初は、白井《しらい》先生、浅間《あさま》先生の関係から、対話型《がた》AI《エーアイ》に翻訳《ほんやく》をさせて授業をしようかとも考えましたが、AI翻訳より前に、人が介在《かいざい》する通訳《つうやく》の授業を子どもたちに体験してもらいたいと考え、学長と会場に通訳を配置して交流授業を行うことにしました。国連大学学長は、南アフリカ人です。日本に来てまだ1年程《ほど》。日本の子どもたちと話し合うのを楽しみにしてくれています。多くの大人が見ているなかで、日本の子どもたちはどう対応《たいおう》するでしょうか。

尚《なお》、この本の編集印税《へんしゅういんぜい》はすべて、NPO法人子ども大学くにたちを持続可能《かのう》にするために寄付《きふ》されることを付記します。

2024年7月7日

企画《きかく》・編集担当《たんとう》

NPO法人子ども大学くにたち
理事長・子どもジャーナリスト　稲葉茂勝《いなばしげかつ》

次回の「子ども大学くにたち」授業《じゅぎょう》の実施《じっし》を予定している、一橋《ひとつばし》大学・兼松講堂《かねまつこうどう》。

一橋大学兼松講堂（日本国東京都国立市、伊東忠太設計、1927年）

用語解説《かいせつ》

・NPO《エヌピーオー》法人子どもの大学くにたち……6、33、63、88、188、189

「子ども大学」は子どもを「学生」と呼《よ》び、大学教授《きょうじゅ》ほか各界で活躍《かつやく》する専門家《せんもんか》を講師《こうし》に無償《むしょう》で授業《じゅぎょう》を行う、ドイツ発祥《はっしょう》のプログラム。日本では2008年より活動を開始した埼玉県の子ども大学かわごえが第1号。埼玉県内に60あまり設立《せつりつ》された。NPO法人子ども大学くにたちは、東京初の、SDGs《エスディージーズ》をカリキュラムの基軸《きじく》に据《す》えた子ども大学として2019年に設立。

・国立《くにたち》学園小学校……4、14、34、36、50、53、54、64～66、88、123～127、141、156、177、179、180、182～184、186

東京都国立市にある私立《しりつ》小学校。1926（大正15）年、東京商科大学（現一橋大学《げんひとつばし》）の移転《いてん》に伴《ともな》い開発された国立の地に開校。「自ら学び、自ら考え、自ら行動する子ども」を育てることを目指す。活発な子どもが多い一方、附属《ふぞく》中学・高等学校はなく、ほとんどの児童が中学受験に向け、勉学に励《はげ》む。本書の著者《ちょしゃ》のひとり、神《かん》林照道《ばやしてるみち》は2007年までの9年間、校長を務《つと》めた。

・東京カレッジ……76、88

2019年、東京大学と海外の研究者・研究機関が連《れん》携《けい》する中心的な場所として設立《せつりつ》。内外の研究者や知識《ちしき》人《じん》の招《しょう》へい、若手《わかて》研究者の育成、他研究機関とのネットワークの構築《こうちく》、共同研究の推進《すいしん》、最先端《さいせんたん》の学際的《がくさいてき》研究成果の一般《いっぱん》社会への共有という5つの活動に取り組んでいる。

・東日本大震災《だいしんさい》……112

2011年3月11日午後2時46分、三陸沖《さんりくおき》を震源《しんげん》とするマグニチュード9.0の巨大地震《きょだいじしん》が発生。宮城県北部で最大震度《しんど》7、東日本各地で大きく揺《ゆ》れた。津波《つなみ》の最大潮位《ちょうい》は9.3m以上、死者・行方不明者は1万8420人。地震・津波《つなみ》の影響《えいきょう》で、福島第一原子力発電所で重大事《じ》故《こ》が発生。福島第一原子力発電所は、原子炉《げんしろ》施設《しせつ》の解《かい》体《たい》等を進める「廃炉《はいろ》」が決まっている。地震に起因《きいん》する一連を東日本大震災という。

索引《さくいん》

著／**神林　照道（かんばやし てるみち）**

1936年、新潟県柏崎生まれ。新潟大学教育学部卒業後、県内公立小学校、新潟大学教育学部附属長岡小学校教諭。1977年に上京。私立成蹊小学校教諭、私立国立学園小学校教諭・副校長・校長を務め、国語教諭として、教頭や校長として、多くの子ども・保護者・先生方に慕われた。大の阪神タイガースファン、高校野球ファン。著書に『甲子園教育のすすめ 甲子園球場へ行こう』（今人舎）、監修に『調べ学習ガイドブック』（ポプラ社）など。

白井　克彦（しらい かつひこ）

1939年、中国大連生まれ。早稲田大学工学部卒業・工学博士。世界初の人間型二足歩行ロボット「WABOT」開発のメンバーに。同大教授を経て、2002年～2010年まで同大総長を務める。日本私立大学連盟会長、放送大学学園理事長、人工知能学会会長などを歴任。プライベートでは中学卒業時から80歳を超える現在に至るまで、自ら東京都国立市に立ち上げた合唱団で活動する。現在、母校国立学園小学校理事を務める。

淺間　一（あさま はじめ）

1959年、北海道室蘭生まれ。東京大学卒業・工学博士。同大学大学院工学系研究科教授を経て、2019年から、新設された工学系研究科人工物工学研究センター・センター長を務める。東日本大震災後は福島第一原子力発電所のリモートコントロール化チームに参加、ロボット技術の導入を検討。現在も廃炉に関わる。南相馬市では「ロボットテストフィールド」計画を推進。2024年３月から東京カレッジ特任教授。神林照道校長時代に、２人の子どもを国立学園小学校に通わせていた。

企画・編集／稲葉茂勝
NPO法人子ども大学くにち理事長、
子どもジャーナリスト
（Journalist for Children）

編集・制作／こどもくらぶ
あそび・教育・福祉・国際などさまざまな分野で児童書を企画編集し、毎年多くの作品を発表。各方面から高く評価されている。

協力／NPO法人子ども大学くにたち

装丁／長江知子（こどもくらぶ）

本文デザイン・DTP ／
佐藤道弘（こどもくらぶ）

撮影／福島章公

表紙・カバーイラスト／
Stranger Man-stock.adobe.com
裏表紙写真（WABOT）／
提供：早稲田大学

今人舎・子ども大学叢書 ❸
「私のなかにみんながいる」？
AI・ロボットと教育哲学　　N.D.C.371

2024年 10月10日　第１刷発行

著　者　神林照道　白井克彦　淺間　一
発行者　中嶋舞子
発行所　株式会社 今人舎
〒186-0001　東京都国立市北1-7-23
電話 042-575-8888　FAX 042-575-8886
印刷・製本　瞬報社写真印刷株式会社

ISBN978-4-910658-15-5 192P 188mm×128mm Printed in Japan
今人舎ホームページ　https://www.imajinsha.co.jp　E-mail nands@imajinsha.co.jp